# 健美操的现代发展及产业化研究

王 丹 ◎ 著

北京工业大学出版社

图书在版编目（CIP）数据

健美操的现代发展及产业化研究 / 王丹著． — 北京：北京工业大学出版社，2018.12（2021.5重印）
ISBN 978-7-5639-6686-8

Ⅰ．①健… Ⅱ．①王… Ⅲ．①健美操－体育产业－产业发展－研究－中国 Ⅳ．①G831.392

中国版本图书馆CIP数据核字（2019）第023857号

## 健美操的现代发展及产业化研究

| | |
|---|---|
| 著　　者： | 王　丹 |
| 责任编辑： | 张　贤 |
| 封面设计： | 点墨轩阁 |
| 出版发行： | 北京工业大学出版社 |
| | （北京市朝阳区平乐园100号　邮编：100124） |
| | 010-67391722（传真）　bgdcbs@sina.com |
| 经销单位： | 全国各地新华书店 |
| 承印单位： | 三河市明华印务有限公司 |
| 开　　本： | 787毫米×1092毫米　1/16 |
| 印　　张： | 10.5 |
| 字　　数： | 210千字 |
| 版　　次： | 2018年12月第1版 |
| 印　　次： | 2021年5月第2次印刷 |
| 标准书号： | ISBN 978-7-5639-6686-8 |
| 定　　价： | 48.00元 |

版权所有　翻印必究

（如发现印装质量问题，请寄本社发行部调换 010-67391106）

# 前　言

健美操是一项现代健身运动项目，集艺术性、健身性、观赏性、群众性等特点于一身，是一项能够满足不同人群健身需求的运动项目。健美操运动有着悠久的历史，在中国和西方古代人民的健身活动中，都能找到健美操的根源。现代健美操运动起源于20世纪60年代的美国，经过不断的发展，衍生出健身健美操与竞技健美操两种类型。随着健美操运动的不断发展，新的类型不断出现，如舍宾、普拉提等。这些健美操项目更加符合青年人的兴趣，更好地满足了青年人的健身需求，受到广大青年人的喜爱。

随着现代经济和社会的发展，人们的收入不断提高，对于生活品质的追求提出了更高的要求。同时，现代社会的快节奏和繁重的工作，也使得人们的身体健康水平有所下降。人们越来越意识到健康的重要性，在观念上也逐渐产生了"花钱买健康"的观念，这表明健身市场有着极大的消费需求，这也为健美操的产业化发展提供了良好的机遇。尤其是在开展全民健身的背景下，健美操运动自身的特点使其成为推动全民健身的重要运动项目。

健美操的产业化，主要指的是通过健身俱乐部的形式，为消费者提供健美操的指导、训练服务。因此，本书主要从健身俱乐部以及健美操产业人才培养两个方面对健美操的产业化发展进行研究，分析健美操产业的现状，为健美操产业的发展提出针对性的建议。

本书第一章为健美操运动概述，第二章为现代社会背景下的健美操发展，第三章为健美操现代化发展的学科基础，第四章为健美操的科学锻炼与评价，第五章为健美操教育的现代发展，第六章为健美操的产业化发展分析，第七章为健美操产业化发展的商业俱乐部建设，第八章为健美操产业人才的培养。

本书共八章约20万字，由山东理工大学教师王丹撰写。为了保证内容的丰富性与研究的多样性，在撰写本书的过程中笔者参阅了很多关于健美操运动及产业发展等方面的相关资料，在此对他们表示衷心的感谢。最后，由于笔者水平有限，时间仓促，书中难免有疏漏和不妥之处，恳请广大读者批评指正。

# 目 录

## 第一章 健美操运动概述 ... 1
- 第一节 健美操运动的概念与类型 ... 1
- 第二节 健美操运动的特点与功能 ... 8
- 第三节 健美操运动的发展历程 ... 14

## 第二章 现代社会背景下的健美操发展 ... 25
- 第一节 健美操发展的全民健身背景 ... 25
- 第二节 健美操在全民健身中的价值 ... 33
- 第三节 健美操的现代发展趋势 ... 39

## 第三章 健美操现代化发展的学科基础 ... 41
- 第一节 健美操现代化发展的生理学基础 ... 41
- 第二节 健美操现代化发展的心理学基础 ... 47
- 第三节 健美操现代化发展的营养学基础 ... 54

## 第四章 健美操的科学锻炼与评价 ... 63
- 第一节 健美操科学锻炼的原则 ... 63
- 第二节 健美操锻炼的积极作用 ... 64
- 第三节 健美操锻炼运动损伤与防治 ... 71
- 第四节 健美操的健身评价 ... 80

## 第五章 健美操教育的现代发展 ... 83
- 第一节 高校健美操教育发展 ... 83
- 第二节 高校开展健美操教育的价值 ... 91
- 第三节 现代健美操项目 ... 93

## 第六章 健美操的产业化发展分析 ... 103
- 第一节 体育健身市场与健美操 ... 103
- 第二节 我国健美操的产业化发展现状 ... 111

  第三节 我国健美操产业化发展的影响因素 …………… 115
  第四节 我国健美操产业化发展的途径与对策 …………… 118

**第七章 健美操产业化发展的商业俱乐部建设** …………… 121
  第一节 健身俱乐部的建设 ……………………………… 121
  第二节 健身俱乐部的经营开发 ………………………… 127
  第三节 健身俱乐部的管理 ……………………………… 133
  第四节 俱乐部健美操的课程建设 ……………………… 138

**第八章 健美操产业人才的培养** …………………………… 143
  第一节 健美操教练员的职业能力与职业素养 ………… 143
  第二节 私人教练的职业发展与人才培养 ……………… 145
  第三节 健身俱乐部健美操教练员的工作要求 ………… 147

**参考文献** ………………………………………………………… 162

# 第一章 健美操运动概述

健美操运动是一项群众性的健身运动项目,虽然现代健美操诞生的时间并不长,但是,其有着悠久的历史,在国内外古代人的运动中都能找到健美操的萌芽。健美操运动经过不断的发展,其内容和类型不断丰富,极大地满足了不同人群的健身需求。本章即从健美操运动的内容和发展历史角度出发,对健美操运动进行研究。

## 第一节 健美操运动的概念与类型

### 一、健美操运动的概念

健美操是一项以塑造体型为主要特点的运动项目,其具有内容丰富、运动条件要求不高、动作简单、变化较多等特点。健美操运动能够使锻炼者全身各部分的关节都能够得到充分的活动,使各部位的肌肉得到均衡的发展,从而塑造锻炼者健康、优美的体态。健美操由于其简单、限制较小等特点,能够为各种锻炼者所接受。此外,健美操运动受到广泛欢迎的一个重要原因,就是其除了具有体育魅力之外,还具有较强的艺术魅力,使锻炼者能够艺术地展示自己的形体与魅力。

健美操是从有氧运动发展而来的,有氧运动也是健美操最基础和最重要的形式。它的运动特征主要是持续一定时间的、中低强度的全身性运动。它是在氧气供应充足的情况下,以人体的有氧系统提供能量的一种运动形式,通过锻炼练习者的心肺功能,为有氧耐力素质奠定良好的基础。尽管健美操运动的发展历史不长,但已被广大群众接受和喜爱。健美操不仅突出动作的"健"和"力"的特点,而且更加强调"美"的因素,这使得健美操成为体育运动中极具观赏性的运动项目之一。随着现代生活水平的不断提高,人们对于健康观念的意识逐渐增强,在生活中开始增加对健康的投资,随着健美操运动在我国越来越受到人们的欢迎,其已成为人们现代文明生活不可缺少的重要组成部分。

①"健美操是可当作节奏体操的新式动作形态体操",应体现"运动员的喜悦、动作的创造性和现代音乐与身心的结合"。

②将具有效果的爵士技巧中的独立性和多中心性应用于身体运动上，并根据体操的原理，融于运动之中，使之成为体操体系化上的一环。

③力量、耐力、柔软加上美就是健美操的公式。

④健美操是一种改变形体和心理感觉的体操。

随着健美操运动在我国的传播与发展，我国一些专家与学者对健美操的定义也提出了各种各样的看法：

①健美操是以人体自身为对象，以健美为目标，以身体练习为内容，以艺术创造为手段，融体操、舞蹈、音乐于一体的一项新兴体育项目。

②健美操主要是以舞蹈和体操相结合，配以流行的节奏音乐，达到有氧训练目的的体操。

③健美操是操化了的，为了人体健康而进行的动态选美比赛。

④健美操是根据人体的生理特点，为了追求人体美，在音乐伴奏下所进行的体操与舞蹈动作结合的边沿性综合运动项目。

近年来，随着健美操运动在我国的进一步开展与普及，以及人们对健身理解的加深，健美操的概念也不断完善。综观健美操运动的特点与发展，结合专家的观点，笔者将健美操的概念定义为："健美操是融音乐、体操、舞蹈、美于一体，以身体练习为基本手段，以有氧运动为基础，通过徒手、手持轻器械和用专门器械练习的形式达到增进健康、塑造形体、丰富生活、陶冶美的情操的目的的一项新兴娱乐、观赏型体育运动项目。"

从本质上来说，可以从以下三个方面理解健美操运动的概念。

①动作内容：健美操的动作中可以融入所有的体育项目动作，如体操、游泳、武术、球类等动作，以及所有的舞蹈动作，如秧歌、拉丁舞动作，只要将各种动作操化了就可以创编成健美操动作。

②动作表现：在健美操的动作表现中，身体强劲律动是动作连续顺畅完成的基本前提，健美操动作是通过人体髋、膝、踝关节的协调律动而完成的，这也表现出了身体动作的弹性。健美操技术水平越高，其动作弹性越大。

③音乐特点：健美操对音乐要求较为严格。健美操音乐必须节奏分明、强劲有力、旋律优美，能烘托气氛、激发人们的热情，音乐动感要非常强。

由此可知，健美操教师、教练员或指导员应抓住健美操的本质特点，建立正确的健美操内容体系，积极有效地推动健美操沿着正确的方向发展，以保证健美操的可持续性发展，充分发挥健美操的健身、健心、塑体和娱乐等功能。

## 二、健美操运动的主要类型

### （一）健身健美操

健身健美操属于有氧运动中的一种，其集合了健身、娱乐等多种功能，是一项具有群众性和普及性特点的健身运动。人们练习健身健美操，主要是为了获得健康的体魄和优美的形体。因此，在健身健美操的练习过程中，练习者可以根据自身的实际情况，进行及时的调整和变化。对于健身健美操的练习，必须坚持安全和健康的原则，其中安全是健身健美操练习应遵循的最基本的原则。在练习的过程中，必须注意预防和避免出现运动损伤。对于练习者来说，只有在保证安全的情况下进行锻炼，才能够达到健康的目的。健身健美操动作较为简单，运动强度不高，练习的时间也较为自由，能够根据个人具体的时间情况安排，同时健身健美操具有较强的节奏感，种类也较为丰富，因此，不同年龄、性别、职业、身体状况的人，都喜欢选择健身健美操进行锻炼。

现代人对于健身的需求越来越高，同时也要求在健身中获得一定的娱乐。因此，健身健美操在发展过程中，也不断丰富练习形式，出现了各种类型的时尚化的健身操或健身舞。为了满足人们在健身过程中表现和释放自身情感的需求，健美操在发展过程中，融入大量的舞蹈元素，使锻炼者能够在运动过程中，充分展现自身的魅力，释放自己的情感，这种特点也使健美操表演具有较强的观赏和娱乐价值，并作为体育节目在各项体育赛事期间或是某些活动中进行表演。健美操表演的效果与音乐、队形、动作以及配合等因素有着密切的关系，只有对这些因素提出较高的要求，才能够使健美操表演具有较强的表现力，保证健美操表演的质量。

从形式上来说，健身健美操又可以细分为以下几种类型。

### 1. 徒手健美操（舞）

（1）有氧健身操

有氧健身操是一项有氧运动，这也是健美操最基础和初级的一种形式。具体来说，有氧健身操就是锻炼者在有氧状态下，跟随音乐的伴奏，做出一系列健身操动作的运动。有氧健身操中常有的动作包括步伐的移动、身体的转向、跳跃以及上下肢的动作变化，这些动作经过一定的组合，形成一整套的健身操动作。有氧健身操的健身强度适中，在动作上也有不同的难度，适合各种类型的锻炼者。有氧健身操的锻炼，能够有效改善锻炼者的身体素质，尤其是在心肺功能的提高和对体重的控制上，有较为明显的效果。此外，有氧健身操的锻炼在时间上也较为灵活，不同类型的锻炼者可以根据自身的时间条件，对锻炼的时间进行分配。

（2）有氧健身舞

有氧健身舞，也就是将有氧健身操与体育舞蹈融合的一种运动项目，在健身操的基础步法上，以舞蹈动作为主。有氧健身舞不仅具有成套的动作，还具有一定的队形变化和动作配合，如托举等。因此，有氧健身舞相对于有氧健身操来说，强度要更大一些。在有氧健身舞中，除了健美操之外，还有音乐、舞蹈等元素，这就使其具有一定的艺术性、娱乐性和表演性。在有氧健身舞运动中，锻炼者不仅能够充分抒发情感、愉悦身心，同时还能够得到创造力、表现力和艺术修养等综合能力的提高。

（3）拉丁操

拉丁操是从欧美拉丁舞蹈中发展而成的健美操运动，其使用的音乐通常是拉丁音乐，其动作和步法也具有明显的拉丁舞蹈的特点。与健美操的结合，为拉丁操增添了一些手臂的组合动作。在拉丁操中，锻炼者通过对身躯的扭动，充分地展现了自己的魅力。拉丁操对于锻炼者减除身上多余的脂肪具有良好的效果，尤其是腰部和腿部的脂肪。拉丁操的内容也十分丰富，如结合桑巴、恰恰、伦巴、曼波等元素的拉丁健美操。

（4）爵士操

爵士操最初的来源是热情、奔放、原始的非洲黑奴爵士舞，其在发展过程中，集合了大量现代流行舞蹈的元素与技巧，从而改编成了爵士操。送胯、扭腰、身体呈波浪形扭动，充分表达了火辣辣的风情。

（5）搏击操

搏击操是健美操与搏击运动相结合的一种形式，其最早是由欧洲的搏击选手与职业健身操运动员联合发明的。搏击操吸收了拳击、散打等搏击运动的基本动作，并与健美操的舞蹈动作相结合，其音乐风格也较为强劲，在健美操运动中，有着独特的风格。

（6）形体操

形体操是一项综合性的体育运动项目，其内容包括体操、音乐、舞蹈、美学等。它以芭蕾的基本动作为基础，并吸收了现代舞蹈和各国有代表性的民间舞蹈，配以徒手操、轻器械和垫上练习等动作精华，以发展柔韧、协调、灵活、力量、耐力等身体素质，达到塑造优美形体的目的。

**2. 轻器械健身操（舞）**

轻器械健身操（舞）是一种表现形式较为特殊的健美操运动，其主要特点为锻炼者在锻炼中需要借助轻器械做出各类健身操动作。所谓的轻器械，指的是能够被健身者较为轻松地控制和使用的，具有健身和表演作用的器械。器械健美操（舞）可分为手持轻器械和在器械上练习两种形式。

（1）手持轻器械健身操（舞）

①哑铃操。

哑铃操即手持哑铃进行健美操锻炼的一种形式。使用哑铃锻炼，可以提高锻炼者上肢关节的灵活性和柔韧性，同时在哑铃的重量下，锻炼者在做各类动作时，还能够增强上肢的肌肉控制能力。

②健身球操。

健身球操是利用健身球不稳定的特性，通过持球和在球上做不同的动作来锻炼人的平衡、力量、柔韧等素质，从而达到收紧肌肉并增加人体曲线美的塑身效果。使用健身球锻炼比较安全，不容易出现损伤，是一项比较适合在健身房和在家练习的运动项目，经常练习可以改善人的姿态，缓解肌肉疲劳，减少脂肪，增强力量，改善平衡能力，增强躯体控制能力。健身球一般用聚氯乙烯（PVC）材料制成，直径从60~100cm不等。

③橡皮筋操。

橡皮筋的主动拉伸和被动反弹动作均有利于胸部的扩展活动，对含胸和脊柱畸形有预防和矫正作用。橡皮筋操简便易行，可在任何场所进行，是长期伏案读书或工作的青年朋友们的有效健身手段。

④杠铃操。

杠铃操即将健美操与杠铃相结合的一种形式。杠铃操所使用的杠铃是特制的，其杠铃杆是空心的，杠铃盘使用的则是塑料材质。对于不同类型的锻炼者，可以对杠铃的重量进行调节，选择合适重量的杠铃进行锻炼。在适当的重量下，配合着激昂的音乐，锻炼者不仅能够锻炼自己的身体，起到减脂、塑形、增强耐力、改善内分泌等效果，还能够在锻炼的过程中磨炼自己的意志。

（2）在器械上练习的健美操

①踏板操。

踏板操于19世纪中期起源于欧美，是一项时尚、高效的有氧运动，锻炼者在踏板上，通过基本步法完成各种动作。踏板操的基本动作，包括横板、终板、穿越对角线、板上转体等。踏板的最低规格要求为宽40cm、长90cm、高15cm。通过高强度的运动，能有效地增强心肺功能与协调性，同时也是减肥瘦身、增强下肢力量的一种有效运动项目。

②单车。

单车是一种较为时尚的健美操形式，它受到了广大年轻的健身者的喜爱。

在不少健身房中,动感单车都是极为受欢迎的健身课程之一。动感单车能够根据个人的体能状态,对单车的阻力和转数进行调整。动感单车的锻炼通常在室内进行,除了配合有节奏强烈的音乐外,还配合有一定的灯光效果。健身房的动感单车课程,通常配有领操员对锻炼者的锻炼进行引导。在领操员的口令下,锻炼者模拟上下坡、平地、冲刺等动作,能够大量消耗脂肪、锻炼心肺功能。

③垫上操。

垫上操是人体在地面取卧姿进行锻炼的一种形式。垫上操的特点就是在最大限度上减少了人体重量对关节的压力,提高了锻炼的安全性。在进行垫上操锻炼时,锻炼者能够始终保持一种相对松弛的状态。通过垫上操,锻炼者能够对身体各部位的肌肉群进行针对性的练习,有利于肌肉发力和牵拉。通过垫上操练习,对提高柔韧性、力量性有比较显著的作用。

### (二)竞技健美操

竞技健美操是一项在有氧健身操的基础上发展而成的一项运动项目,表演者需要在音乐的伴奏下进行动作的展现。竞技健美操的动作具有高难度、连续性、复杂性的特点。

竞技健美操这一比赛项目,展现的是人体的"健、力、美"。竞技健美操在规则上,对比赛场地、参赛人数、时间等都有较为严格的规定。竞技健美操的评分主要以动作的难度、完成质量以及多样性组合为标准。经济健美操要求在动作的设计上体现多样化,避免出现对称性动作和进行重复动作。

竞技健美操的形式主要是根据赛事的规模、项目、参赛者年龄进行划分的。

①按赛事规模划分。根据赛事规模,竞技健美操赛事主要可以分为国际赛事和国内赛事两种形式。健美操作为一项世界性的运动,其具有不少规模较大的世界级赛事,如健美操世界锦标赛。国内赛事,则是在我国国内举行的竞技健美操相关赛事,如各类健美操冠军赛、锦标赛等。

②按项目划分。根据项目类型,竞技健美操赛事可以划分为男女单人、混合双人、多人等形式。

③按参赛者年龄划分。根据参赛者年龄,竞技健美操赛事可分为少年组和成年组两种比赛形式。

### (三)表演性健美操

健美操运动具有一定的表演性和表演价值,因此除了健身健美操与竞技健美操之外，还发展出了表演性健美操这一特殊的类型。表演性健美操即在健美操中加入表演成分，借助道具、舞蹈动作等，使健美操的形式得到了极大的丰富。表演性健美操通常是团体表演，因此，对于表演者来说，其不仅自身要具备良好的身体素质和表演能力，还应该具有一定的团队合作意识。

## 三、健美操运动的训练

### （一）身体训练

人们通常是在增强身体素质的目的下参与体育锻炼的，参与特定项目的体育锻炼，对锻炼者的身体素质提出了一定的要求，因此，在锻炼的过程中，侧重也有所不同。对于健美操来说，其主要侧重以下几方面身体素质的锻炼。

#### 1. 柔韧性

柔韧性是健美操运动中重要的身体素质，参与健美操运动对于柔韧性也提出了一定的要求，只有具备良好的柔韧性，才能够顺利地完成健美操中的各种动作，尤其是那些具有一定难度的动作。

#### 2. 力量

力量也是健美操锻炼的一项基本素质，力量也影响着健美操动作的表现。通过健美操锻炼，能够有效提升锻炼者的肌肉能力，主要是上、下肢和腰、腹部的力量。

#### 3. 协调性

协调性主要指的是锻炼者在完成健美操动作时身体的配合度，协调度能够保证锻炼者在进行健美操锻炼的过程中，每一个身体部分都能够有效地做出动作。对锻炼者协调性的提升，主要是通过各种舞蹈组合实现的。

#### 4. 耐力

耐力即身体对疲劳的承受能力，与健美操锻炼有关的耐力主要包括肌肉耐力、心血管耐力、神经过程耐力，一定的耐力是完成成套健美操动作的基础。

### （二）技术训练

在进行健美操锻炼时，一定的技术训练也是必需的，其目的就在于不断提高锻炼者健美操运动的水平。

### 1. 舞蹈训练

在健美操的技术训练中，舞蹈训练不仅是最常用的一种方式，也是最重要的一种方式。进行舞蹈训练的作用，就在于塑造锻炼者的形体美，提高锻炼者身体的协调性。此外，舞蹈锻炼也能够在一定程度上提高锻炼者的肌肉能力。

进行舞蹈训练离不开音乐的配合，这就有利于增强锻炼者的节奏感、动作的表现力以及艺术修养。舞蹈、音乐与健美操的融合，能影响锻炼者的艺术和表演意识，从而使健美操表演的观赏性得到提高。

在健美操的舞蹈训练中，通常使用的五种舞蹈包括芭蕾舞、爵士舞、现代舞、迪斯科及各种民间舞。在舞蹈训练中，将舞蹈动作进行拆分，并与健美操动作相结合，进行重新的组合，展开对健美操基本功的训练。这些舞蹈动作，不仅与健美操的动作有着较强的相似性，而且具有较高的美感。因此，舞蹈训练，对于健美操锻炼来说具有重要的作用。

### 2. 基本动作训练

在健美操运动中，基本动作有着关键性的作用。基本动作虽然简单，却具有最完整的技术特征。如果基本动作掌握不足，在掌握其他同类动作时就会出现困难，在完成整套的健美操动作的过程中，基本动作上的不足也会影响整套动作的完成性。健美操运动的基本动作训练主要指的是步伐、姿态、难度、操化组合的基本训练。

## 第二节　健美操运动的特点与功能

### 一、健美操运动的特点

#### （一）健身性

健美操作为一项运动形式，其最初的、也是最本质的目的，就是进行身体的锻炼，保持身体健康。健美操对于运动的强度、负荷、时间、节奏等方面进行了充分的考虑。因此，健美操主要在平地上进行锻炼，具有较强的安全性，配合有一定的音乐，也能够保证锻炼取得较好的效果。可以说，任何类型的锻炼者都适合进行健美操锻炼。

#### （二）节奏性

健美操是在一定的音乐节奏下做出各种动作的，这就使得健美操具备了节奏性的特点。对于广大健美操锻炼者来说，健美操运动吸引他们的原因，不仅仅是健美操自身的锻炼效果，更有健美操在音乐节奏下表现出的活力。在音乐节奏性的带动下，健美操的运动节奏、锻炼者的生理节奏，乃至运动中的时空、灯光等都具有了鲜明的节奏性。健美操锻炼者就是在这样鲜明而富有活力的节奏下进行健美操锻炼的。

对于健美操来说，音乐是其重要的甚至是不可或缺的一部分。健美操的音乐主要来源于迪斯科等现代音乐以及各类特色的民族音乐。音乐本身的长短、快慢等节奏变化，赋予了健美操运动的节奏性，而这些现代音乐，也为健美操运动注入了时代的活力。在音乐的配合下，健美操运动具有了极强的感染力，能够起到烘托氛围、激发情绪的作用。

### （三）艺术性

健美操这一运动形式，融合了体操、舞蹈、音乐，以展现人体的"健、力、美"为目的，这就决定了健美操运动的艺术性特征。"健、力、美"从古至今一直是人类对身体形态的美的最高追求，在运动过程中，锻炼者的"健、力、美"得到了充分的展示，并包含着极高的艺术因素。此外，健美操运动的艺术性，不仅表现在运动自身的艺术性，还表现为锻炼者在锻炼的过程中，不仅能获得身体素质的提高，也能获得综合艺术素质的提高。

### （四）群众性

健美操运动的群众性就表现在，其运动形式多样，要求较低，容易控制，不同年龄状况、不同身体素质、不同性别、不同时间条件的人，都能够选择适合自己的形式，进行健美操的锻炼。例如，对于不同年龄的锻炼者来说，老年人可以选择节奏感较弱的、运动强度较低的形式进行健美操锻炼，如有氧健身操；对于年轻人来说，可以选择节奏感较快的、有一定运动强度的形式进行健美操锻炼，如动感单车。健美操在满足人们健身需求的同时，还能够起到释放情感、愉悦身心的作用，极大地满足了现代人在体育锻炼中的娱乐需求，因此其也受到群众的广泛欢迎。

### （五）创新性

健美操运动还具有一定的创新性特征。健美操的创新包括动作的创新、音乐选择的创新、健美操表演的创新、健美操教学的创新等。例如，对于健身健美操来说，创新的动作编排，有利于增强健美操运动对锻炼者的吸引力；对于竞技健美操来说，创新的动作编排，有利于选手在比赛中获得更高的评分；对于表演性健美操来说，创新的动作编排，有利于增强表演健美操的表演性；对于健美操教学来说，教学方式的创新，有利于提高健美操教学的效果。对于健美操运动来说，正是由于创新性的特点，其不断地发展，并拥有充足的活力。

### （六）观赏性

健美操运动始终以展现人体的"健、力、美"为主要特征，健美操运动还包含舞蹈、音乐的要素，可以说健美操运动是人体美、体育美、艺术美的融合。在健美操运动中，锻炼者通过各种动作，充分地展现自身的美，这也表明健美操具有极强的观赏性。尤其是对于竞技健美操来说，其更是通过较高的难度和专业的锻炼，不断追求着人体的"健、力、美"，对于竞技健美操来说，更高的观赏性也是其未来发展的方向。

## 二、健美操运动的功能

### （一）强身健体

人们早就认识到，生理的健康只是身体健康的组成部分之一。世界卫生组织认为，人体的健康包括生理、心理、社会三个方面的健康，即躯体的生理健康、内心的心理健康、正常的社会适应能力与社会道德。只有这三个方面都满足健康状态，才是真正的健康。

健美操以有氧运动为基础，因此，其最主要的强身健体的功能就在于对锻炼者心肺功能的提高。在长期的健美操锻炼下，锻炼者的心脏容量能够得到有效的增大，同时使血管的弹性得到增强，有效提高锻炼者心脏在供氧等方面的能力。健美操的有氧锻炼，能够有效增大锻炼者肺部的容量，提高锻炼者的有氧代谢能力。持续坚持健美操锻炼，能够使锻炼者有效避免心血管和呼吸系统方面疾病的发生。

在健美操运动中，锻炼者的肌肉以及各个部位的身体器官都能够得到有效的锻炼，从而使锻炼者的骨密度得到增加，增强锻炼者关节的稳定性。此外，在健美操运动中，锻炼者的腰腹部和臀部也能够得到有效的锻炼，从而有效地促进肠胃的蠕动，增强锻炼者的消化能力，使锻炼者能够有效吸收和利用摄入的各种营养元素。

经常参加健美操锻炼，能够有效地提高锻炼者的身体素质，健美操对人体素质的提升主要包括柔韧、力量、协调性、耐力等方面的提升。例如，在进行健美操运动前，需要进行一定的准备活动，包括压腿等，这种伸展性的动作，有利于锻炼者柔韧性的提高。健美操的动作需要上、下肢，躯干的协调才能完成，只有做到了身体的协调，动作才能是优美的。因此，在做健美操动作的过程中，能使锻炼者的协调性得到锻炼。

## （二）调节心理健康

随着现代社会的不断发展，人们的生活条件和生活质量不断提高。但是，经济的发展也带来了日益激烈的社会竞争，使现代人承受着极大的精神压力。巨大的精神压力，容易引发一系列的心理疾病。同时，不良的心理状态，还容易引发一些生理方面的疾病。因此，心理健康也成为现代社会所关注的一个热点问题。健美操是一项在有节奏感的音乐的配合下，开展的一项健身运动，其对于缓解锻炼者的精神压力，能够起到良好的效果。通过健美操的锻炼，锻炼者不仅能够获得身体素质的提高，还能够有效释放自身的精神压力，获得精神的放松和愉悦，保持良好的心理状态，从而避免各类心理疾病的发生。

同时，健美操也是一项集体性的运动，因此，健美操运动能通过锻炼者对于健美操的共同爱好，将不同阶层的锻炼者聚集在一起，这也为现代人扩大社会交往提供了一个良好的平台。对于现代人来说，他们通常选择健身房作为健美操锻炼的场所，在健身教练的指导下，参与集体性的健美操练习课程。参加集体健美操课程的人来自不同的社会阶层和生活环境，这就使锻炼者能够接触到与自己处于不同阶层的人群，扩大了锻炼者的社会交往范围。在健美操练习中，锻炼者通过相互之间的交往，能够使自身的视野得到开阔，提高自己的交往和沟通能力，使锻炼者从相对单一的生活环境中解放出来，甚至还能够收获珍贵的友谊。对于交往和友谊的需求，同样也是现代人重要的精神需求和心理需要。

## （三）塑造健美形体

形体的塑造包括体型和体态两个方面。其中，体型指的是整个身体的状态，包括身体部位间的比例、线条等；体态指的是由体型所表现出的形态。

健美操对体型的塑造主要是通过对肌肉维度的塑造，使锻炼者形成优美的曲线。一方面，通过健美操锻炼，锻炼者的肌纤维能够得到增粗，从而使锻炼者的肌肉体积增大，通过对肌肉维度的塑造，体现出"力"的美感。另一方面，健美操运动还能够有效地消耗脂肪，起到良好的减肥效果，通过对各部位脂肪的消耗，塑造匀称的形体。

健美操对体态的塑造主要表现在其对锻炼者站、坐、走的姿态的严格要求。例如，健美操要求锻炼者在站立时保持昂首、挺拔、平视的姿态。在严格的姿态要求下，锻炼者能够有效改正在日常生活中所习惯的驼背等不良姿态，改善由不良姿态造成的脊柱侧弯等问题。同时，健康的体态能够使锻炼者展现出积极健康的精神状态与气质。

## （五）健脑益智

健美操运动通过改善人大脑的物质结构和机能状况，全面发展观察力，广泛训练记忆力，启迪诱导想象力，帮助提高思维力，为智力的开发创造良好的生理条件和环境条件。经过一些科学研究，我们发现，如果人们能够经常进行体育锻炼的话，那么就能保证大脑的能源物质与氧气的充足供应，也就是促进大脑神经细胞的发育。由于健美操的类型很多，其动作自然也是较为丰富的，所以人们在练习健美操的时候，能够为大脑神经系统提供各种刺激信息，从而有利于提高大脑皮层细胞活动的强度及其灵活性，使整个大脑神经系统的功能得到改善。

## （六）医疗保健

健美操不仅具有保持生理和心理健康的作用，同时也是人们进行医疗保健的一项重要手段。健美操以有氧运动为主，运动强度不高，不同的锻炼者能够根据自身情况，选择合适的运动量，同时其还有着丰富的内容和形式供锻炼者选择。因此，健美操适合各种类型的锻炼者，能够起到量的健身效果，对于特殊的锻炼者来说，健美操也是一种理想的医疗保健手段。例如，对于孕妇锻炼者来说，她们可以选择水中有氧操的形式进行锻炼，对孕妇和胎儿都具有积极的作用；对于下肢瘫痪的锻炼者来说，他们可以利用椅子进行健美操的锻炼，使自己的上肢、躯干和瘫痪的下肢都能够得到有效的锻炼，尤其是对于下肢来说，健美操的锻炼，能够有效防止其功能的进一步衰退。选择健美操进行医疗保健时，必须要注意对运动的强度和范围进行合理的控制。

## （七）健美操运动的经济价值

众所周知，体育的发展能带来良好的经济效益，这一点在现代健美操运动中获得了充分体现。知识经济时代，人们对健康的追求促进"花钱买健康"的观念的建立，体育成为人们健身娱乐的时尚消费。健美操所特有的保健、医疗、健身、健美、娱乐的实用价值，深受现代人们的喜欢和重视，社会中不同年龄的爱好者纷纷参与到健美操运动中来，并逐渐形成了一定规模的消费群体。

目前，现代健美操比赛已进入商业化阶段，对经济的发展、市场的繁荣、效益的产业化起到促进作用。而备受人们喜爱的大众健美操运动在年龄、性别等方面均无限制，因而对于人们身心健康水平的提高以及工作和学习效率的提高是较为有利的。各种健身俱乐部的兴起，不仅满足了广大人民群众的健美操科学健身及健身指导需求，同时，也促进了体育经济的发展。此外，大众健美操的广泛开展，也促进了服装业、音像制品业、医疗卫生、广播广告业等相关产业的连带发展。

随着现代健美操运动的广泛普及和健美操文化的深入发展，健美操运动逐渐成为具有强大影响力的一项体育娱乐休闲产业，其所带来的巨大经济价值反过来也会促进健美操运动的进一步丰富和发展。

### （八）健美操运动的社会价值

民主是社会进步的一个重要标志，是社会文明的象征，健美操锻炼参与的大众性和比赛结果评定的公开性，在程序上决定了健美操比赛必定是个民主过程，运动者在参与过程中能建立民主意识。

在我国实施的"全面健身"计划和"奥运争光"计划的过程中，竞技健美操和大众健美操都同样具有很强的吸引力。对于健美操运动爱好者来讲，人人都可以平等地参加每一项健美操活动，并在活动中"获取与其天赋相适应的运动成就"，在健美操正式和非正式的比赛中，每个人都能从组织或锻炼实践中感触民主化程序，这就使得健美操比赛的参与者主动或被动地养成民主化的作风，这有助于其社会性民主意识的形成。

健美操运动具有丰富的健身价值，这就使得其在全民健身运动中具有广泛的群众基础，如今，健美操运动已经成为名副其实的全球性社会文化和全民性健身强体、修德养心的工具和手段。需要强调的是，这种运动性文化色彩的氛围将不断深化，并且成为社会生活的特殊组成部分。另外，世界范围内开展的健美操运动的形式更加多样，其中，比较具有代表性的有街头健美操、轮椅健美操等，这些健美操运动形式有着较强的趣味性和健身性，受到人们的广泛欢迎与喜爱。

就我国健美操运动的发展状况而言，大众健美操不受年龄和性别等因素的限制，受到越来越多的健身健美爱好者的关注与参与，它能够丰富和活跃人们的业余文化生活，起到振奋民族精神，推动社会发展与进步，促进社会主义精神文明建设的作用。

# 第三节 健美操运动的发展历程

## 一、国际健美操的发展历程

### （一）国际健美操的起源

国际健美操有着悠久的历史，随着人类体育锻炼的不断发展，并经过与文化的不断融合，国际健美操逐渐产生和发展。国际健美操的起源最早可以追溯到古希腊。早在古希腊时期，人们就十分崇尚人体美，人们认为人体美是世界上最和谐和完美的。古希腊人认为，体育能够锻炼人的形体，音乐能够陶冶人的精神。

此外，在亚洲，古代的印度有一种瑜伽术十分流行，这种瑜伽术强调身体、呼吸、意念的结合，通过三者的结合一体，发挥意识的作用，进行自我的调节。这种瑜伽术中有站、坐、跪、卧等基本姿势，这些基本姿势与现代健美操使用的姿势是相一致的。

在欧洲，国际健美操主要是伴随着体操的发展而产生和发展的。早在1569年就出版了有关艺术体操的学术著作，对体操动作进行了详细的介绍。到了18世纪，欧洲又出现了培训专门的体育教师的课程。哑铃、吊环等运动也在这一时期随之诞生。为了对体操进行广泛的推广，维特采用了游戏和娱乐的形式，这也使体操的趣味性得到了极大的增加。19世纪，体操在多方面都取得了一定的发展，如在体操动作中配上一定的音乐，实现了体操与音乐的结合。有学者对体操进行了分类，如按照参与者的年龄和性别，对其进行分类；按照体操的功能进行分类。特别是从功能上来说，佩尔·亨里克·林将体操的功能分为教育、军事、医疗、美学四类。19世纪欧洲在体操上取得的发展，为现代健美操的发展奠定了坚实的理论基础。

上述为国际健美操在世界范围内的起源和发展，随着不断的演变，国际健美操不断地融合并最终统一，发展成为现代健美操。

### （二）国际健美操的发展

#### 1. 健身健美操运动的发展

真正的现代健美操发展的时间是在20世纪60年代末，发源地在美国。当时，美国太空总署为了对"太空人"进行体能训练，由库帕博士设计了专门的训练项目。他根据太空中的宇航员所处特殊环境及其对于宇航员身体的特殊要求，设计了一系列动作，并在其中加入音乐和专门的服装。这种运动在最初被称为阿洛别克。由于其在身体机能锻炼方面的显著效果，这项运动在当时引起了广泛的关注，并逐渐从美国发展到世界范围。1969年，杰姬·索伦森将阿洛别克的有氧操与当时流行的美国黑人舞蹈和非洲民间舞蹈相结合，创造出了一种健身舞。其具有强烈的节奏，动作幅度较大，具有一定的娱乐性。由于其娱乐的特点加上新颖的形式，受到了广泛的欢迎。这一舞蹈形式，也促进了现代健美操的产生。随着健身舞的流行，人们开始关注既能获得体育锻炼，又能够从中获得娱乐的健身形式，也就是健美操。在当时的美国，健身舞有着大量的锻炼者，其在人数上甚至可以与网球运动相媲美。美国的《新闻周刊》也对这种健身舞的热潮进行了报道。

　　健美操不仅在美国十分流行，其也对世界健美操的发展产生了重要的影响。对现代健美操发展有着重要影响的人物——简·方达，便是美国人。简·方达既是著名影星，同时也是健美操专家。她通过亲身的健美操锻炼经历，保持着完美的形体和气质。她所撰写的关于健美操锻炼的图书，一经出版就保持着畅销的状态，并且还被翻译成20多种文字，在30多个国家销售。她对健美操的创编结合了营养学、人体美学等，具有一定的科学性，同时也具有一定的趣味性。简·方达提出的一些关于健美操的观点，不仅新颖而且具有一定的说服力。例如，她倡导在健美操锻炼中配合各种风格的音乐。她认为健美操是一项科学的、健康减肥方式，并结合自己在减肥过程中的亲身实践，使健美操运动得到了有力的推广，她也依靠自己对健美操运动发展的重要贡献和极大的影响力成为现代健美操运动重要的开拓者。

　　美国健美操运动的发展，无论是在健身健美操还是在竞技健美操上，都处于领先地位，并且对世界健美操的发展产生了重要的影响。在美国，建设有大量的各种类型的健身俱乐部，这就极大地满足了人们对于健美操锻炼场所的需求。在美国，健美操运动的锻炼者数量也十分庞大，在各种场所都能够看到人们在进行各种类型的健美操运动的锻炼。

　　法国有着大量的健美操运动锻炼者，其人数甚至比法国体操联合会的会员人数还要多。仅在巴黎这一座城市，就建有上千个健美操中心。法国的健美操锻炼者还会花费一定的金钱，报名参加健美操中心的活动。法国的健美操锻炼还出现在电视上。在法国，在专门的时间设有专门的健美操节目，在节目中，领操员做出动作的示范，引导着数百万电视机前的观众进行健美操的锻炼。过去的体育锻炼是枯燥的，而健美操则使体育锻炼充满趣味。

　　在德国，健美操的发展也十分强调健身性与娱乐性的结合，并提出了以健美操开展体育锻炼的推广号召。人们为了追求健康，会花费大量的费用，这点也反映在健美操上，人们为了追求形体美，也愿意进行健美操的消费。而在意大利、英国等，健美操运动也得到了广泛的发展，大量的人群都在参与健美操运动。在英国，还成立了专门的健美操协会。

健美操在苏联的发展则是在 20 世纪 20 年代，当时，健美操虽然得到了一定的倡导，但并未得到大范围的普及。而到了现在，健美操在俄罗斯已经成为群众性最强的体育运动之一，并且被列入体育教学的大纲中。在俄罗斯，经常举办全国性的健美操教练员培训课程，并通过电视引导国内广大的健美操爱好者进行健美操锻炼。在俄罗斯，规模最大的健美操组织是舍宾格协会，其拥有完善的体系，并且每年都会举办大规模的舍宾格健美操赛事。经过舍宾格的锻炼，参赛的选手们展现出了"健、力、美"的形体。

俄罗斯的舍宾格健身操在 1992 年传入我国。这种健美操以垫上动作为主，动作虽然较为重复，但见效较快。这种新型健身操的传入，也给人带来全新的感觉。舍宾格具备现代健美操动作舒展、流畅的特点，这也对专业的舍宾格运动员在柔韧性上提出了极高的要求。为了吸引更多的受众，舍宾格协会每年都会举办大规模的选美赛事，这就吸引了广大的年轻女性参与到舍宾格的锻炼中。

在波兰、保加利亚等东欧国家，健美操运动开展的状况，大体上与苏联的情况类似。

随着现代社会的健身热潮以及娱乐体育在世界范围内的发展，健美操运动也在世界范围内得到了广泛的传播和发展。尤其是自 20 世纪 80 年代以来，健美操运动凭借其强大的生命力，获得了迅猛的发展，并广泛建设起各类健美操俱乐部、培训班等。

健美操运动在亚洲同样有着较快的发展。日本是发展最早的国家，在日本，健美操最早是随着韵律操的发展而发展的。1977 年，佐腾正子开设了专门的韵律操学校，进行系统的韵律操教学，同时出版了用于自学的韵律操的著作。根据佐腾正子的观点，韵律操强调的是在运动中表现喜悦和动感。因此，佐腾正子所教授的韵律操强调创造性和自由性，并广泛吸收了黑人爵士舞、非洲民间舞的舞蹈动作，扭动、摆动等动作较多，热情奔放。1982 年，在日本举办的"国民体育大会"上进行了老年健身操的表演。1984 年，日本举办了首届远东区健美操大赛。1987 年，日本成立了健美操协会。

除了在日本，健美操运动在新加坡、韩国以及东南亚国家和地区也都得到了迅速的发展。

从现代健美操在全球范围的发展来说，健美操的发展是十分令人振奋的。现代健美操运动作为一种新兴的体育项目，将体育与美紧密地结合起来，这一运动项目也将持续受到人们的喜爱。健美操运动在发展过程中，其在形式和方法上也在逐渐发生着改变，而参与健美操运动的人也越来越多。20世纪80年代，现代健美操运动一经出现，就展现出了强大的生命力，并在世界范围内得到广泛的传播，风靡全世界。除了在欧美等发达国家保持着强劲的发展势头外，现代健美操运动在发展中国家和地区也得到了一定程度的发展。越来越多的人选择健美操作为体育锻炼的主要方式，健美操运动在世界范围内得到快速发展。

现代健美操运动之所以能够在世界范围内广泛发展，形成健美操运动的热潮，其有着多方面的原因。第一，健美操作为一项体育运动，它的兴起与人们对于健康的追求有着密切的关系。随着社会现代化的不断发展，科学技术的进步推动着信息、电子等产业的迅速发展，现代人在工作中越来越依靠脑力，工作中的体力活动越来越少，人们的工作环境得到了明显的改善。同时经济和科技的发展，也带来了人们生活水平的提高。但是，这也给人们的身体健康带来了一些不利的影响，现代人患糖尿病、肥胖症的概率大大增加，过大的心理和精神压力，也引发了一系列心理问题的产生。现代人逐渐意识到了这种不良影响，追求健康的意识不断增强。为了追求健康，人们开始广泛参加各种健身活动，健美操正是这些健身活动中的一种，这就为健美操的广泛发展提供了良好的机遇。第二，健美操的广泛发展，也与其自身特点有着密切的关系。健美操运动内容丰富、形式多样、富于变化，通过健美操的各种动作，能够充分展示锻炼者身体的"健、力、美"。健美操对人体美的追求，符合人们的心理需求，即能够满足人们的健身需求，也能够使锻炼者变得更美。同时，健美操具有较强的节奏性，是一种在音乐配合下进行锻炼的运动，音乐的配合，能够为锻炼者营造一种轻松、愉快的锻炼氛围，使锻炼者积极地完成锻炼。此外，健美操对于场地、器材等要求不高，锻炼形式多样，能够满足不同情况的锻炼者的锻炼需求，这也是健美操运动能够迅速发展的重要原因。

**2. 竞技健美操运动的产生与发展**

在健美操运动的发展过程中，健美操不仅作为一项健身运动获得了极大的发展，其还逐渐发展出了竞技健美操，并成为一项独立的体育竞技项目，各类竞技健美操赛事也逐渐创办和发展起来。竞技健美操的比赛在动作技术、赛事组织等方面都有着独特的要求。竞技健美操最早的国际赛事是由国际健美操联合会（IAF）于1983年举办的，这次赛事共吸引了世界范围内近百名的健美操参赛者。此外，其他的世界级健美操赛事也不断创办和发展，如健美操世界锦标赛、世界健美操冠军赛等。除了成人赛事之外，少儿的竞技健美操赛事和项目也有所发展。除了世界锦标赛之外，各种世界健美操组织，还通过单独或联合举办等方式,举办各类健美操的世界巡回赛、大奖赛等,从而不断扩大竞技健美操在世界范围内的影响力。竞技健美操的赛事举办虽然历史还不长,但是其参赛的健美操运动员数量,一直保持着增长的趋势,这也表明了竞技健美操呈现着正向的发展趋势和旺盛的生命力。

竞技健美操发展到现在,其相关的各种国际赛事也在不断发展,竞技健美操的赛事水平也在不断提高。在竞技健美操的赛事中,不同的比赛项目在场地、时间、规则等方面有着自身独特的要求,但是其也在逐渐朝着统一的方向发展。例如,在国际体操联合会举办的健美操赛事中,比赛项目已经基本得到了固定。健美操赛事也对健美操的动作做出了规定,要求运动员完成具有较高技术难度的规定动作。但是,随着竞技健美操的发展和水平的不断提高,健美操赛事的水平也随之提高,比赛的激烈程度也越来越高,因此,规定动作已经难以满足竞技健美操的赛事需求,规定动作也已被取消。对于竞技健美操及其赛事来说,今后在技术上的发展,主要是提高动作编排的艺术性和动作完成的质量。

## 二、我国健美操的发展历程

### (一)我国健美操的起源

进行健美操运动,其最本质的意义和目的就是强身健体。在我国,最早对身体训练进行介绍和记载的著作就是《黄帝内经》,其距今已有两千多年的历史。

除此之外,我国也出土了有关古代人进行身体训练的史料。例如,在湖南长沙马王堆汉墓出土的帛卷中就有在站、蹲、做等姿势下做屈伸、跳跃等动作的人物。这些人物的动作,与现代健美操运动中的基本动作有着较高的相似性。这也是我国关于健美操起源的最早的较为形象的历史资料。

到了东汉时期,著名的医生华佗发明了一套用于强身健体的动作,即"五禽戏"。这是华佗参考虎、鸟、鹿、熊、猿这五种动物改编而成的五组动作,这也是被称为"五禽戏"的原因。可以说,"五禽戏"是我国早期具有一定民族特色的、成套的健美操动作。

### (二)近现代我国健美操的发展

#### 1. 我国健身健美操运动的发展

20世纪30年代,我国就出版了有关健美操的图书《女子健身体操集》。这是一本以女性为对象的健美操锻炼图书,书中介绍了来自欧美的一些健美操套路动作，适合不同年龄段的女性进行锻炼，对于健美操锻炼的效果，该书介绍到"至于身体健康，自不待言，能恒心练习，立可获得美满之奇效"。该书不仅介绍了健美操运动的形式和价值，还配有许多照片。通过这些照片可以发现，当时健美操的动作已经与现代女子健美操动作有一定的相似性。此书出版后，又推出了针对男性锻炼者的《男子健美操集》，其中有不少关于轻器械健美操运动的介绍。这些图书的出版也表明，我国在20世纪30年代，现代健美操运动已经得到了一定的发展和传播。

我国健美操运动发展的热潮是在20世纪80年代初期，我国正处于改革开放的新时期。健美操运动在我国的热潮，首先是在高校。这一时期，健美操在我国高校得到了广泛的普及，并且有不少的教师参与到健美操的普及中，创编健美操动作、发表与健美操有关的文章。这也使得健美操一词在我国的体育工作者中得到了广泛的接受和应用。与健美操相关的杂志、电视节目等，也相继创办和播出。1984年，北京体育学院针对健美操运动成立了专门的研究组，创编了六套健美操动作，在全国的高校中得到了广泛的传播，极大地促进了健美操运动在我国高校中的普及。1986年，北京体育学院又编写出版了我国第一部用于健美操教学的教材，并在学校中以选修课的形式开设了正式的健美操课程。此后，健美操逐渐被各大高校纳入教学，成为体育教学的重要内容。这也为健美操在全国范围的普及和传播打下了良好的基础。除了教学之外，有的高校还组织专门的健美操比赛队伍，参加各类健美操比赛，这为我国竞技健美操的发展和人才的培养奠定了坚实的基础。通过广播、电视等的宣传，世界健美操运动在我国得到了广泛的传播和发展，人们对于健美操的认识也得到了大大的加深，揭开了我国健美操运动发展热潮的序幕。

健美操在我国社会上形成热潮是在20世纪80年代。在这一时期，我国的部分城市已经建有早期形式的健身俱乐部，并面向社会开放。人们在健身俱乐部中，接触到了健美操运动。它以其丰富的内容、新颖的形式和明显的效果，对广大群众产生了较大的吸引力，人们很快接受了健美操的锻炼形式，并出现了大量的健美操运动锻炼者。尤其是在北京、上海等大城市，人们较早地形成了追求健康、追求形体美的意识，并愿意花费时间和金钱去锻炼，这也促进了越来越多的健身俱乐部的出现。随着社会的发展和生活水平的提高，越来越多的人开始参与健身锻炼，以使自己的身心获得健康的发展。这极大地促进了健身市场的发展，健美操也成为健身市场中的重要组成部分。此外，电视媒体也播出了大量有关健美操锻炼的节目，这也推动了健美操在社会的广泛传播和发展。

我国健美操运动在发展过程中，受到了简·方达健美操深刻的影响，其在我国也逐渐形成了各种不同的流派。虽然我国的健美操运动取得了一定的发展，但是，与国际健美操运动的发展相比，还存在着一定的差距，存在着练习的内容上重操作练习、轻视力量练习等各种问题。随着我国健美操运动国际交流的不断深化，人们对于健美操的认识也在不断深入，并逐渐接受了国际上关于健美操运动的先进观念。我国健美操运动中存在的一些不足和问题，也都在逐步得到解决。我国健美操的专业组织是中国健美操协会，其在推动健美操在中国的普及上做了许多重要的工作，并取得了显著的成果，对于促进我国健美操运动的传播和发展发挥了重要的作用。

### 2. 我国竞技健美操运动的发展

随着健身性健美操在我国的广泛发展，这一运动也在发展过程中逐渐被纳入竞技体育的部分中，促进了我国竞技健美操的产生和发展。竞技健美操在动作上比健身健美操难度更大，节奏更快，对动作的完成质量也有更高的要求，并编排了一系列全新的竞技健美操动作。竞技健美操的产生和发展，是健美操适应时代发展的必然结果，它的产生和发展也表现出了强大的活力，极大地推动着现代健美操运动的发展。

我国竞技健美操的发展可以分为以下三个时期。

（1）探索期

在竞技健美操的探索期，我国于 1986 年举办了国内第一次健美操比赛，本次比赛为女子健美操比赛，共有来自八个省市的九支队伍参加了比赛。本次比赛以表演赛的形式，通过健美操表演，充分地展示了我国健美操运动发展的成果，引起了观众浓厚的兴趣。本次比赛，也是对我国竞技健美操比赛思路与形式的探索。

1987 年，我国第一届正式的全国健美操比赛成功举办。为了这次赛事的顺利举办，还举办了全国健美操教练培训班，为健美操运动的发展培养了一批优秀的人才。本次比赛，将美国的阿洛别克与我国的健美操相结合，共设置了男女单人、双人、混合共六个比赛项目，共有来自全国各省市 30 多个队的 200 名运动员参加。本次赛事的举办取得了良好的效果，在社会上也产生了一定的影响，对于竞技健美操的传播和发展起到了积极的作用。

在这一阶段，我国竞技健美操的比赛还在向成熟发展，存在着一定的问题，如比赛名称繁多、赛事服装不统一、竞赛规则不稳定、参赛选手专业性不强等。这也表现出我国竞技健美操发展的阶段特征。

（2）规范期

在规范期，我国成立了一系列的健美操组织。1992 年，我国分别成立了负责大学生健美操运动组织的大学生体育协会健美操、艺术体操分会，以及全国性的中国健美操协会。这些组织的成立，其目的就是要促进健美操运动的交流与研究，实现对健美操事业有计划、有组织的发展。

随着我国体育在体制上的改革与发展，在1997年，国家体委将中国健美操协会划归体操运动管理中心管理。经过一段时间的探索和实践，中国健美操协会针对健美操运动的发展和管理，制定了一系列的规章政策，提高了我国健美操运动发展的科学化和正规化水平，在促进健身健美操的普及和竞技健美操的发展上取得了显著的成果。

（3）与国际接轨期

随着健美操运动在我国国内的普及，我国健美操运动也开始与国际健美操实现交流，并且越来越频繁。我国竞技健美操的首次国际交流活动是在1987年，北京体育大学健美操队访问日本。此后，我国还通过举办和参加国际赛事的形式，展开竞技健美操的国际交流活动。虽然，在当时我国的健美操运动水平与世界先进水平相比还存在一定差距，在比赛中的成绩也不太理想。但是参加国际健美操赛事，为我国竞技健美操的发展和国际交流营造了一个良好的开端。此外，我国也就健美操教练员、裁判员的培养等，展开了各种形式的国际交流活动，如参加国际培训班等。

国际交流的频繁发展，有力地推动了我国竞技健美操水平的提高。同时，也推动着我国竞技健美操的现代发展，使我国竞技健美操的发展进入与国际接轨阶段。我国邀请日本专家对竞技健美操的国际规则进行讲授，并将其应用于国家健美操比赛中，这些活动，都标志着我国的竞技健美操发展进入国际接轨的阶段，为我国健美操运动的发展带来了新的局面。

**3. 我国健美操运动项目管理体系的发展**

近年来，我国健美操的管理逐渐朝着体系化的方向不断发展和完善。虽然健美操协会面临着资金、人员等方面的困难，但是其对于我国健美操管理的体系化发展仍做出了许多重要的工作，如举办健美操教练员与裁判员的培训班、举办全国性的健美操比赛、派队参加健美操国际比赛、制定健美操教练员技术等级制度、制定健美操教练员行业标准、发布大众健美操锻炼标准等。这些工作，对于健美操运动的发展，尤其是健美操的职业化发展具有重要的意义。

# 三、健美操运动的发展

## （一）市场化发展

健美操运动是一项体育运动，不仅有利于人们的身体健康，而且有利于人们的心理健康。随着社会经济的发展，人们的生活水平逐渐提高，生活方式和生活环境也发生很大变化，人们在学习、工作上投入大量的时间，参加体育锻炼的时间比较少，脑力劳动比较多，体力活动比较少，生活的压力比较大，出现了"文明病""都市病"等现象，这样的生活方式不利于长远的健康发展，人们越来越重视体育锻炼，通过体育锻炼的方式减轻生活的压力，缓解工作的疲劳，调节情绪和心理情感，体育运动成为人们的重要选择。

与此同时，人们的生活水平提高，人们用于体育运动和锻炼的经费支出比较宽裕，人们愿意在体育运动上投入时间和精力，健身运动成为一种时尚消费。在体育运动的多种形式中，健美操具有简单、优美的特点，受到人们的广泛喜爱，越来越多的人加入健美操运动中。在这样的环境下，健美操运动拥有广阔的发展前景。

为了拥有健康的身体和优质的生活，健身不仅成了一种时尚，而且成了人们关注的一件大事，越来越多的人走出家门踏进健身房便是一个明显的例证。多数人在体育锻炼的过程中仍然选择集体有氧健身的形式。但是，人们参加体育锻炼的目的和需求是不同的，为了满足不同人的运动需求，社会上出现了私人健身教练这一职业，以为人们的体育健身提出建设性意见和指导。

## （二）多样化发展

在健美操运动的发展过程中，健美操需要占领一定的发展市场，满足人们的多样化需求，只有这样健美操才能更好地发展。随着社会的发展和体育运动的发展，健美操的种类和练习形式呈多样化的趋势，其与当今流行的舞蹈与时尚紧密结合，如街舞、拳击健美操、水中健美操、机械健美操、瑜伽健美操等。参加体育锻炼的人的性别、年龄、身体状况等是不一样的，所要追求的锻炼目标也是不一样的，人们的这种多样化需求对体育运动的形式提出了更高要求。健美操运动在发展的过程中，不仅需要丰富其自身的种类，还需要丰富练习的形式，通过多样化的健身形式，提升锻炼的趣味性和娱乐性。

## （三）创新化发展

在健美操运动发展的过程中，竞技成为健美操运动发展的新思路，竞技健美操不仅具有趣味性，而且从侧面提高健美操运动的发展。健美操运动是一项对艺术要求比较高的运动项目，在发展的过程中，需要创新。一方面，动作的连接和编排需要艺术创新，另一方面，如何转换流畅、如何使用空间等也需要艺术创新。

　　在体操运动发展的过程中，创新是竞技体操运动的核心，只有通过创新才能提高运动成绩，体现运动的完美。

# 第二章 现代社会背景下的健美操发展

当今是健美操发展的最佳时期,因为健美操的生活化、大众化和产业化等现实正在改写着人们长期以来对健美操的狭隘认识,不断放大着健美操的价值和功能。本章简要阐述健美操发展的全民健身背景、健美操在全民健身中的价值、健美操的现代发展趋势。

## 第一节 健美操发展的全民健身背景

### 一、全民健身的广泛开展

#### (一)全民健身概述

**1. 全民健身的概念**

全民健身是社会经济文化发展到一定阶段,特别是体育文化发展到一定阶段所产生的社会现象,是一种具有广泛社会意义、全民参与的健身活动。全民健身的组成部分包括大众体育、休闲体育和群众体育等内容。全民健身反映了人们思想观念的变化,体现了体育运动健身的社会价值。

**2. 全民健身的特征**

(1)健身性

全民健身最重要的特点就是健身性。自《全民健身计划纲要》实施以来,政府加强了大众体育的宣传工作,修建体育场地,安装健身设施。社会上形成一种良好的全民健身舆论向导,人们的全民健身意识增强。

(2)流行性

随着人们生活水平的提高,人们的健身意识逐渐提高,体育健身成为一种社会时尚。全民健身具有强大的冲击力与吸引力,成为最受大众喜爱、流传广泛的体育运动。

(3)趣味性

健身运动属于一种娱乐活动,具有趣味性。全民健身运动项目种类繁多,健身形式五花八门，吸引大众眼光。大众共同参与的健身运动会能够创造热闹的运动场面，人们会感受到健身带来的乐趣，体会到健身运动的美感，增添生活情趣，给自身的生活带来新的元素。

（4）竞技性

健身运动都有比较完善的比赛规则，具有一定的竞技性。大众参与健身运动会创造紧张和激烈的比赛氛围，吸引大众的目光，开阔人的视野，体会到健身运动的乐趣和美感。

（5）文化性

体育是一种文化，在社会发展过程中，体育文化随着体育运动的发展而不断发展。以一种社会文化形态出现的全民健身如一股巨大的文化潮流渗入人们的日常生活，全民健身成为现代社会生活中的重要内容。全民健身的项目具有丰富的文化内涵，对人们具有强大的吸引力。

（6）教育性

全民健身还具有教育性，有的运动可以和音乐与舞蹈融为一体，有的具有丰富的文化内涵和历史沉淀。人们通过学习全民健身，锻炼身体，愉悦身心，给自身带来美的享受。

### 3. 全民健身的功能

（1）健身功能

全民健身最基本的功能就是健身功能。人的健康不仅包括生理健康和心理健康，还包括道德健康和社会适应能力等内容，主要体现在人们具有充沛的活力和体力，能正常从事活动，抵抗疾病，还体现在人们对自然、社会和生活适应的精神状态上。大众通过健身可以改善自己的身体机能，增强自身的身体素质，达到良好的健身效果。

（2）健心功能

随着人们物质生活水平的提高，人们的生活也变得相对舒适和安逸，与以前相比，人们对自然和社会的适应能力下降。但是，在当今复杂的社会中，在当今激烈的市场经济下，谁都可能会受到各种困难和挫折，这就需要人们保持一种良好、平和、积极的心态，具有不畏困难、积极进取的精神，具有敢于面对现实、克服困难、迎接未来的良好心理素质。全民健身是一种需要坚持的运动。在全民健身中，无论哪种项目，人们都必须有耐心、有勇气去完成这个项目，在健身过程中得到精神的升华和意志的锻炼。人们参加全民健身，可以放松心情，缓解精神压力，保持良好的心理状态。

（3）娱乐功能

全民健身还具有娱乐功能。随着时代的发展，人们的娱乐生活变得越来越丰富，全民健身成为人们娱乐生活的重要组成部分。全民健身，可以提高人们的运动水平，健身过程中人与人之间的相互交流和配合，可以给人带来心理满足感，有益于身心健康。

## （二）全民健身的流行趋势

### 1. 广泛性

全民健身在我国具有广泛的群众基础，不仅是老年人，许多中青年人也在业余生活时间积极参与全民健身，并且参与的健身项目广泛。虽然一些健身项目，如高尔夫球、保龄球等还未十分普遍发展。但是，在大城市，特别是一些沿海城市出现了许多参与者。各种类型的体育场和体育馆开始规范化运作，并向社会开放。许多学校也有了更多的活动场所，使学生能够进行更丰富的健身运动。经营部门不仅获得了较好的经济效益，还获得了良好的社会效益。从社会整体来说，全民健身有良好的发展势头。

### 2. 目的性

在社会飞速发展的背景下，人们的健身运动具有明显的目的性。相关数据显示，有70%的人参与全民健身的目的是增强体质。越来越多的人参与全民健身，这既符合当今社会背景下提高身体素质的要求，也符合人们对实现自我发展的期望。明确的健身目标，直接推动了全民健身的发展。

### 3. 休闲性

在社会飞速发展的背景下，人们的健身运动具有明显的休闲性。全民健身运动参与人群广泛，既包括退休老人，也包括各类学生，更为突出的是国家干部，他们也将体育运动作为一种休闲方式。对于参加工作的人来说，参与健身运动是与工作相对应的，在紧张的工作之余，进行健身运动，以放松身心，让生活节奏慢下来。对于学生来说，参加健身运动也是与学习相对应的，他们更多地体现出了全民健身的娱乐性。

### 4. 享受性

在社会飞速发展的背景下，人们的健身运动也具有明显的享受性。健身运动对于参与者来说，是一种自愿的、自发的运动，是一种参与者的内在需求，参与者在健身过程中是享受的。形成这种状态的原因如下。

第一,全民健身运动与人自身的活动、人的发展和人的需求有密切的关系。

第二,全民健身运动具有趣味性和休闲性,对人们有极大的吸引力,给人们带来健身的乐趣。

第三,全民健身运动具有竞技性,大众参与全民健身会创造热闹的氛围,且健身运动会经常举办比赛,具有激励性。

第四,全民健身具有自我实现和自我发展性。人作为高级动物,除智慧外,在体能等很多方面都不能于其他动物相比。但是,人们可以在健身运动中合理运动技术,实现自我发展价值,显示出人的发展潜能。

人们在创造社会的同时,也在创造自我,这便是最大的享受。体育的拼搏进取精神也是来源于此。全民健身运动的享受性,还体现在自身身体素质的增强,使人们更具生命的活力。因此,从根本上来讲,人们参与全民健身运动具有享受性。

### (三)现代社会对全民健身的需求

#### 1. 物质基础发展对全民健身的需求

飞速发展的经济使人们的物质生活水平提高,更为全民健身的迅速发展奠定了坚实的物质基础。随着我国综合国力的不断增强,国民经济飞速发展,人们的生活水平日益提高。人们开始对日常生活提出更高的要求,生活方式发生了变化,休闲娱乐在人们生活中的地位越来越高,对旅游和健身等休闲娱乐活动的需求越来越强烈。随着全民健身的发展,体育产业发展被注入强大的发展动力,体育经济成为国民经济的重要组成部分。

从20世纪70年代开始,人们从传统的现代化阶段进入现代的社会发展阶段。随着社会的不断发展,未来人们的生活方式将进入一个以休闲、享受为特征的时代。全民健身运动逐渐渗入人们的生活,成为日常生活的有机组成部分。全民健身运动随社会物质文明建设的发展而发展。社会的物质生产水平直接决定着全民健身运动的发展速度和发展规模,决定着体育产业的结构和比例。因此,随着社会物质文明的发展,人们对健身的需求将逐步增加,进一步推动社会的繁荣和进步。

#### 2. 社会精神文明建设需要全民健身

随着社会物质文明建设的不断发展,社会精神文明建设也随之发展。物质生活水平的提高,满足了人们对基本日常生活的需求,人们开始享受生活。享受生活成为当今人们新的价值观念。只有会享受生活,才能使人更加全面的发展,才能充分挖掘自我潜能,实现自身价值,实现人的现代化。

但是，过多的闲暇时间也可能会对人们产生消极的影响，使人变得散漫，消极怠工。因此，应引导人们朝着积极的一面发展，推动社会精神文明建设，推动社会的不断进步。

**3. 构建和谐社会需要提倡全民健身**

全民健身不仅仅是一种重要的休闲方式，更是一种重要的休闲技能。从全民健身本身的特征、功能和价值来看，全民健身应该成为休闲教育的重要内容；从人们参与全民健身的目的、条件和环境方面来看，全民健身也应当成为休闲教育的重要内容。

从全民健身的社会价值来看，全民健身有利于提高人们对社会的适应能力，促进人与人之间的交往；有助于人性的回归，预防和治疗"现代文明病"；有利于帮助人们树立正确的生活观念，促进人的发展。

全民健身的价值不仅仅在于强身健体，娱乐身心，更重要的是文化价值。从全民健身的文化价值来看，全民健身作为一种特殊的文化现象，可以影响社会风气，改变人的价值观念、思维方式和生存方式。全民健身对于社会秩序的建立与维护，发挥着它的文化整合功能。

从全民健身的经济价值来看，随着经济的发展，人们生活水平日渐提高，余暇时间增多，健身意识增强，消费观念也发生变化，人们开始有需求且有能力进行全民健身，享受全民健身的服务。因此，体育产业及其相关产业开始飞速发展，为人们提供了各种方面的健身产品与服务，既能开发新的经济增长点，扩大消费，增加就业机会，促进经济发展，还能满足人们对享受生活的需求。全民健身可以改善体质，帮助人们养成积极的心态，以提高劳动生产率，提高人们的抗挫折能力和社会适应能力。全民健身有利于构建社会主义和谐社会，充分发挥其社会功能与经济功能，推动经济的发展，为社会主义和谐社会建设奠定雄厚的物质基础。

**4. 现代文明对全民健身的需求**

改革开放以来，我国进行着一场社会主义现代化变革。这场现代化变革是我国社会文明的巨大更新，开创了我国物质文明的新时代，促进了我国现代文明的进步，改善了我国人民的生活条件。人们以前的生活方式和价值观念等都受到现代文明的冲击，人们的身体、行为和心理也受到现代文明的影响。现代文明的发展推动了生产方式和生活方式的转变，也促进了全民健身的发展。

人们的体育健身观念如今正在改变。我国群众体育现状调查结果表明，当前我国群众的体育价值观呈现多元化特征：追求生理健康的价值取向下降至40%，追求心理健康的价值取向上升至35%。人们对体育功能的认识不再只停留在改善体质方面，并且逐渐把体育广泛地加入日常生活中，这有助于全民健身的广泛深入发展。同时，随着现代文明的不断发展，社会对人们提出了越来越高的要求，需要发展全面的人才。社会需求与个体需求达成一致，共同推动着全民健身的发展。

**5. 文化对全民健身的需求**

全民健身文化是全民健身运动的物质与精神文化的总和。全民健身文化旨在追求身体的发展，发挥自身潜能，保持健康的生理和积极的心理状态，培养健身意识。在当今社会经济与政治的影响下，社会文化正逐渐向现代化方向发展。全民健身作为现代文化的产物，是现代文化的重要特征之一。全民健身反映了人们生活方式的变化，代表着健康、休闲的价值体系。在未来的发展中，全民健身将会实现更大的发展。

人的全面发展包括体质的全面发展，增强体质是人全面发展的基本内容。在现代化社会发展过程中，体育发展越来越受到重视。体育运动是现代化社会的重要组成部分，是现代化社会发展的重要推动力。全民健身是实现全民健康，促进人全面发展的重要手段，是构建和谐社会的重要内容。

## 二、健美操在全民健身中的发展

### （一）健美操的发展特征

**1. 群体特征**

从城乡比例结构来看，由于城市经济与农村经济相比，城市经济发展较快，城市健身运动也比农村发展广泛，各种健身俱乐部在城市迅速发展，使城市居民参与健美操健身的人口比农村人口多，参与健身的时间与次数也比农村人口多。

从性别比例来看，在健美操的参与者中，女性比例远远高于男性，健美操呈现"阴盛阳衰"的局面。女性比例约占85%，而男性比例占15%。女性参与者职业广泛，而男性参与者多以体育院校的学生及教师、健身教练以及一些高校学生为主。

从年龄结构来看，健美操锻炼者年龄分布广泛，各个年龄段均有参与。健身俱乐部中参与健美操的锻炼者大多在50岁以下。

从文化程度来看，健美操锻炼者文化程度普遍较高，其中本科及本科以上学历占49%，专科学历占29%，高中学历占22%。

从锻炼时间来看,健身俱乐部中锻炼者的锻炼时间在 15:00—20:30,锻炼时间约持续 1 小时。老年人的健美操锻炼时间集中在早晨 6:00—8:00,下午 16:30—19:00,锻炼地点集中在公园和广场等一些社会公共场所。老年人锻炼主要以徒手健美操配合音乐锻炼为主,锻炼时间约持续 1 小时。

**2. 阶段性特征**

20 世纪 70 年代,健美操传入我国,其发展已经经过了认知阶段、研究阶段和普及阶段三个阶段。

认知阶段:1984 年,原北京体育学院与上海体育学院成立了健美操研究室,并设置了健美操课程。

研究阶段:1992 年 2 月,于北京成立了中国大学生健美操艺术体操协会,该协会每年举办一次健美操比赛,并制定了《健美操竞赛规则与裁判法》。1992 年 9 月,于北京成立中国健美操协会。

普及阶段:1995 年,国家颁布了《全民健身计划纲要》,使健美操得到广泛发展,越来越多的人参与到健美操锻炼中。

**3. 项目流行特征**

随着健美操的广泛发展,健美操项目内容也开始逐渐发展,不断丰富。健美操运动开始与各种体育器械相结合,发展出许多不同风格、不同种类的健美操项目,再也不局限于徒手操。如今比较流行的健美操种类有形体健美操、球操、垫上操、踏板操、搏击健身操等。锻炼者可根据自身的水平与兴趣爱好进行选择性的学习。

**4. 适应性特征**

①健美操能够满足现代人改善生理状态、保持良好心理状态的需要。

②健美操可选择种类多,锻炼者可根据自身情况进行自由选择,且练习起来相对简单、安全。

③健美操对场地要求不高,可以在室内也可以在室外;对时间要求不高,可以早晨进行锻炼也可以晚上进行锻炼;对人数要求不高,可独自进行锻炼也可以多人一起锻炼。

## (二)健美操在全民健身中的发展现状

**1. 健美操在学校体育中的发展现状**

随着《全民健身计划纲要》的颁布,全面健身得到广泛发展,大众健美操运动在学校中也得到发展。许多中小学校将健美操列入体育教学计划中,一些体育院校还开设了健美操专业,设置健美操课程。普通高等院校也将健美操列入公共体育选修课程。

学校健美操课程分为理论与实践两部分。理论课向学生讲授健美操的发展过程、锻炼方法、锻炼注意事项、健身价值等内容。学生首先通过对健美操理论的学习,掌握健美操的相关知识,对健美操运动有一定的了解。实践课主要以徒手健美操为主,讲授内容包括健美操基本步伐、身体形态、组合动作、成套动作等,配合激情动感的音乐,使学生学习兴趣高涨。

### 2. 健美操在社会公共场所中开展的现状

随着经济的发展,人们物质生活水平提高,闲余时间增多,开始享受生活,关注健康的意识不断增强。全面健身计划关注人们的健康问题,支持人们参与健身活动。健美操作为全民健身中操作简单的一种,受到人们的喜爱。大众健美操也成为健身俱乐部中的重要项目,得到飞速发展。

## 三、健美操在全民健身中的开展有利条件

### (一)健美操具有广泛的适应性

健美操因操作简单,容易学习,且不受场地、器材、年龄等的影响,受到大家的喜爱,是一种老少皆宜的运动,具有广泛的适应性。健美操运动可依据锻炼者的时点和地点,自由进行锻炼。

### (二)健美操师资力量雄厚

随着健美操运动的发展,许多体育院校已经开设了健美操专业,并培养了大批优秀的健美操师资。学校中的健美操教师基本上是体育院校健美操专业的优秀毕业生。健身俱乐部中的健美操教师则是由体育院校健美操专业毕业生、艺术院校毕业生和健美操业余爱好者组成的。其中大部分师资都有健美操的学习经验,按照健美操的难易程度,由简至难地教授课程。随着人们对健身服务质量要求的不断提高,现已培养出大量健美操师资,并提高了教练的授课水平,改善了锻炼者的健身效果。

# 第二节 健美操在全民健身中的价值

## 一、健美操在全民健身中的优势

### （一）简单易学的可操作性

健美操操作相对简单，短时间内便可掌握，特别是健身性健美操的基本步伐简单，运动强度与运动频率都较慢，容易控制，加上手臂动作，动作简单而不失乏味，再配上恰当的音乐，能使人产生浓厚的学习兴趣。相关调查显示，大众健美操是当前大众参与体育锻炼选择频率最高的项目。

### （二）节省资源的经济性

目前我国大部分群众还不会在健身上投入太多资金，他们所选择的健身项目大多是资金投入少，健身效果较好的健身项目。而健美操正是投资较少的全民健身项目。健美操不像乒乓球和羽毛球等项目需要两个人才能进行锻炼。健美操可在家中进行，还可在公园和广场等场地进行，即使是在健身俱乐部锻炼健美操，也不需要花费太多。

### （三）人群层次的广泛性

健美操运动因其动作简单，便于掌握，具有人群层次的广泛性，无论男女老少，无论什么工作阶层，只要有兴趣，便可参与其中。

### （四）可供选择的随意性

健美操对场地要求较低，不像羽毛球和乒乓球这类项目需要特殊的场地才能锻炼，在一定程度上弥补了一些体育场地不足的情况。健美操可在室内进行也可在室外进行，可在健身俱乐部中锻炼也可在家中自行锻炼，可在公园锻炼也可在广场锻炼。

## 二、健美操在全民健身中的健身价值

### （一）对人体体质的价值

#### 1. 促进同化作用

健美操运动项目丰富，又简单易学，运动负荷小，参与者可根据自身的身体状况与兴趣爱好选择一种健美操锻炼，还可有针对性地调整动作内容、调节运动量。健美操锻炼者应适度锻炼，这样就能合理引起能量物质的消耗，异化过程占优势。锻炼过后，经过一段时间的休息，能量物质恢复会超过原有的水平，即异化诱导同化过程的加强，同化过程占优势，使机体细胞得到物质补充，使身体得到发展。

**2. 遵循"用进废退"规律**

健美操的锻炼内容，大都是多关节的运动，很少是单关节运动，对全身或是某些关节、韧带、肌肉群等进行锻炼。健美操锻炼需要人体各个系统与器官的相互配合，加强新陈代谢，使肌纤维增粗，提高肌力；肺要开放大量毛细血管以为肌肉输送氧气排出二氧化碳，从而改善肺功能；心脏要为肌肉输送大量血液，从而改善心脏功能；骨骼要承受重力，促进骨密度增加，使骨骼更加坚硬，增强体质。

**3. 精神调节作用**

健美操的音乐能帮助锻炼者在运动时更准确地把握每一个节拍，还能激发锻炼者的热情，振奋锻炼者的精神，使人形成积极向上的精神状态。保持良好的情绪状态能预防疾病或治疗疾病，而消极的情绪会加重疾病或造成疾病。健身既能增强体质，还能使人保持一个健康向上的心理状态，放松身心，陶冶情操，提高人的社会适应能力、心理承受能力和应变能力。因此，在富有律动感的音乐环境中进行健美操健身，既能作为人们休闲享受、愉悦身心的调节剂，又能作为脑力与体力恢复的调节剂。健美操锻炼，可以使人获得良好的情绪，这种情绪提高了身体体能的调节能力。

## （二）对身体形态的价值

人人都希望有一个好的形体。一个好的形体不仅能体现人的外在美，而且还能通过增加自信心，丰富内在美。形体分为姿态和体型。姿态主要指身体各部位所表现出来的外形姿态，是通过人们一举一动体现出的行为举止，受后天因素影响较大。体型是指人们整个身体的形状，即整个身体从头到脚的曲线和比例。健美操健身可适当改变身体的姿态与体型，但相对来讲遗传因素是主要的决定性因素。有调查问卷显示，一半以上的人学习健美操的目的是提高审美能力，培养内在气质。

良好的姿态是体现一个人气质风度的重要内容。健美操锻炼的动作要求与身体姿态要求和日常生活中的动作要求与身体姿态要求基本一致。因此，通过长期的健美操练习，可改善不良的身体状态，如含胸驼背等，形成一个优美的姿态，在日常生活中表现出良好的气质修养。

经过无数实践证明，健身性健美操具有增强人的体质、缓解压力、调节情绪、改善人的身体形态、预防疾病、延缓衰老等重要作用。这是因为，健美操的动作练习方式多样，练习部位广泛，对人体头、颈、肩、臂、胸、腹、腰、臀、大小腿等各部位均有相应的锻炼方法。健美操在锻炼时注重站、立、行等动作的美感，通过基本步伐、成套动作的练习使人们形成优美的身体姿态，并对一些塌腰、驼背等不良的姿态具有一定的矫正功能。其中的柔韧练习，使肌肉和韧带富有弹性，并且使其肌肉线条优美。

人们经过长时间的健美操锻炼，可以增强肌肉力量，改善肌肉形态，使肌肉围度增大，肌肉和韧带弹性增强，骨密度增大，骨骼粗壮，使人的身体形态变得匀称健美。身体基本姿势的练习能够帮助人们形成端正的身体姿态；各种转体动作能够发展腰腹部肌肉，有效消耗腰腹部等部位的脂肪，使腰腹部灵活、刚健有力，从而衬托人体的曲线美，使体态变得丰满、线条优美、秀丽动人；各种方向踢腿练习有助于发展人体臀部肌肉线条，并使臀部略显上提，给人以重心升高、双腿健美修长的感觉；各种扩胸展体练习可以使胸部肌肉发达，胸腔容积增大。所以健身性健美操对身体姿态的矫正及改善有较为明显的意义。

此外，长时间进行正确的形体动作训练，能够使锻炼者形成端庄优美的身体姿态，改正不良的身体姿态，使锻炼者的行为举止和身体形态发生变化，达到较为理想的健美目的。

### （三）对身体素质的价值

#### 1. 提高运动系统的机能

身体的各系统和器官都是按照"用进废退"规律自然变化发展的。健美操运动注重动作的节奏与力度的配合。随着音乐的节拍对动作所涉及的骨骼、关节和肌肉群进行节奏性的负荷锻炼。

健美操运动能提高骨密度，使骨骼粗壮，提高关节的灵活性，增强肌肉与韧带的弹性，使肌纤维变粗，肌肉力量变大，从而提高身体运动系统的机能。特别是对于青少年来说，经常进行健美操锻炼，可以促进软骨生长，有助于青少年长高，使骨质更结实。

骨骼生长发育不仅对人体有重要影响，对内脏器官的发育也有重要作用。健美操动作丰富多样，运动量可根据锻炼者的自身情况灵活调整。健美操是全身性的运动，健美操的动作能使身体各部位都得到适度锻炼，每一块肌肉快速收缩、放松，增强肌肉的收缩力，形成良好的肌肉线条。

### 2. 增强心血管系统的机能

健美操运动过程中,肌肉的运动,使心肌收缩力增强,使心肌收缩蛋白和肌红蛋白含量增加,心肌毛细血管增加,供血能力提高,心肌纤维变粗,心脏收缩搏动有力,提高心脏的承受能力,使心血管系统得到综合锻炼。此外,健美操运动还能提高身体新陈代谢能力,延缓血管硬化,减少血管脂肪沉积。

### 3. 提高呼吸系统的机能

健美操运动使肺通气量增加,肺泡张开率提高,增大肺部容积的吸氧量,提高呼吸肌的机能,提高身体新陈代谢的能力,从而提高呼吸系统的机能。经过十几分钟的健美操运动后,身体能量消耗加快,这时就需要加快、加深呼吸,从而增强呼吸肌的收缩力量以获得氧气。

### 4. 改善消化系统的机能

参与健美操运动时,要消耗大量营养物质,促进肠胃蠕动,改善消化系统的机能。健美操运动后,需要及时补充体力。健美操运动,使锻炼者的肠胃蠕动加强,消化液分泌增多,从而提高了消化与吸收能力,产生饥饿感,增强食欲。因此,许多锻炼者在参与健美操锻炼后,都感觉胃口好,这正是因为健美操锻炼改善了身体消化系统的机能。

### 5. 提高神经系统的机能

健美操动作富有节奏感,转换敏捷,可提高神经系统的灵活性与均衡性,从而提高神经系统的机能。此外,健美操富有律动感的音乐对人的神经系统也是一种刺激,能提高神经系统的活动能力。

## (四)对心理健康的价值

随着时代的发展,人们享受着社会进步带来的便利,但接踵而来的还有各方面的压力。现代人的工作与生活压力逐渐增加,精神高度紧张,容易处于焦虑状态,导致各种现代文明病。在工作与学习生活之余,进行健美操健身,在生理上能够放松身体,刺激脑细胞兴奋,缓解压力,减缓疲劳,改善身体机能;在心理上能够放松心情,保持健康的心态,得到身体锻炼的同时在精神上得到释放。健美操运动无疑对心理健康具有重要价值。

健美操动作与音乐进行完美结合,使身体各器官实现相互配合,进行协调动作。在富有节奏感的音乐中进行健美操运动,能转移锻炼者的注意力,使锻炼者忘掉失意,尽情享受健美操带来的快乐,陶冶锻炼者的情操,缓解内心压力，使锻炼者保持积极乐观的心态，满足锻炼者的心理需求，调动锻炼者的精神力量与体力。

### （五）对身心需求的价值

#### 1. 增强社会适应能力

健美操健身可成为一种社会交往的工具，帮助人们提高社会适应能力，实现对身心需求的价值。健美操可多人共同锻炼，在锻炼过程中，加强锻炼者之间的相互交流，提高锻炼者的社会适应能力。健美操锻炼者在日常生活之余参与健美操锻炼，可与人结交，互帮互助，起到良好的社会教化功能，有助于树立文明和谐的社会风气。

人与人之间的关系，不仅仅体现在物质领域，更体现在精神领域。健美操运动是人们参与人际交往的一种良好途径，在锻炼时，人与人之间相互交流、相互帮助、相互鼓励，在锻炼过程中增进了解，发展了关系，建立起良好的人际关系，扩宽生活空间。此外，健美操动感的音乐，能够吸引人驻足观赏，与锻炼者共同感受健美操的美，沟通人与人之间的情感。

#### 2. 培养审美情趣与创新能力

通过健美操的学习、欣赏与编创，可以提高锻炼者的审美情趣与创造能力。健美操的发展过程是创新的过程。通过健美操锻炼，充分挖掘人的健康美、形态美、动作美，增强律动感，提高音乐素养，提高认识美、欣赏美、表现美、创造美的能力。

### （六）医疗保健价值

健美操属于有氧运动，运动强度低，运动量较小且容易控制，具有良好的健身效果，可增强体质，强健身心。对于一些身体素质较差的人来说，健美操是一种理想的医疗保健方法。良好的情绪可以预防疾病，不良的情绪会诱发疾病。健美操能使人养成积极向上的心态，振奋锻炼者的精神，使人产生良好的情绪，对人体的生理状态和心理状态都产生积极影响。因此，应在保证安全的基础上，科学合理地进行健美操锻炼，从而实现医疗保健的价值。

## 三、健美操在全民健身中的综合利用价值

### （一）提高社区体育大众化程度

社区是人们生活中不可或缺的一个综合的基础性的群众单位。要想实现

全民健身，提高健美操在全民健身中的综合利用价值，离不开社区的支持。各社区可根据社会现有场地积极开展健美操教学，成立社区健美操协会，开办社区健美操培训班，举办社区健美操比赛等，使健美操实现大众化发展，提高社区体育大众化程度。

健美操的目的在于健身，健美操的基本动作与基本步伐都相对简单，音乐速度较慢，对锻炼者的身体素质要求不高，是个老少皆宜的健身项目，再加上健美操形式多样，富有律动感，且属于全身锻炼，健美操受到越来越多人的喜爱，具有广泛的群众基础。与其他运动相比，健美操具有许多独特的优势：健美操适合大多数人群，对锻炼场地要求不高，对经费要求不高，对时间要求不高，身体各器官结合紧密，锻炼者还可根据自身情况灵活调整锻炼的强度与难度。因此，健美操在社区中受到欢迎，参与社区体育的人越来越多。

### （二）培养健美操指导员

健美操指导员在健美操锻炼过程中起到重要作用。健美操指导员是健美操运动的宣传者、组织者和执行者。推行全面健身计划，实现健美操在全民健身中的价值，推进健美操的广泛深入发展，需要一大批业务能力强、思想觉悟高的健美操指导员。在健美操的动作规范、强度安排、运动负荷等方面，都需要健美操指导员的科学指导。如果没有健美操指导员的指导，会使健美操处于盲目自流的发展状态，影响健美操的健身效果。因此，各相关部门应积极做好健美操指导员的培养工作。

### （三）营造舒适的健身环境

要创造有利于大众参与健身的环境，就要增加必要的经费投入，改变我国全民健身设施落后的局面，满足大众对健身设施的需求，保证全面健身计划的顺利进行。因此，各政府相关管理部门应拨出经费，为大众营造舒适的健身环境，各健身俱乐部也应承担好场地、器材、教练的职责。

### （四）普及科学健身常识

健美操要想在全面健身中更好地发挥综合利用价值，必须做好宣传普及工作，加大健美操的宣传力度。健美操在我国发展时间相对较短，近些年才发展起来，仍有很多人对其了解不够。这就需要体育相关部门和相关工作者对健美操加以引导，提高健美操的认同度。

# 第三节 健美操的现代发展趋势

## 一、健美操练习规范与科学化程度提高

科学的健身是保证健美操获得良好健身效果的关键，也是健美操锻炼的重要前提。不科学的健身会影响健身的效果，严重的甚至还可能会引起运动损伤，给锻炼者身体造成伤害，这样就失去了锻炼的意义。因此，应不断完善健美操的练习规范，使健美操锻炼者能够更准确、科学地进行锻炼；提高健美操练习的科学化程度，避免出现运动损伤；针对不同体质的锻炼者采取不同的练习方法，提供科学有效的运动计划，可根据不同体质锻炼者的体能素质、最佳心率范围等，设计最优的健身方案。

## 二、健美操种类与形式呈多样化发展

随着健美操的不断发展，当今健美操的种类与练习方式呈多样化发展趋势。健美操一改过去单一的传统有氧健身操，出现了各种器械健身操和水中健身操，另外，还出现了一些特殊风格的时尚健美操，如瑜伽健美操、搏击健美操、健身街舞、拉丁健美操等。这些新种类的健美操，极大地满足了各种层次和各种特点的人群的需要。锻炼者可根据自身需求与兴趣，从多样化的健美操中选择最适合自己的，如年轻人更喜欢选择健身街舞，而老年人则更喜欢瑜伽健美操。健美操要适应市场发展的需要，谋求更大发展，就应跟上时代的潮流，不断满足人们对健美操的不同需求。

随着人们物质生活水平的提高，人们开始有越来越多的需求，开始追求享受生活，追求个性化。集体锻炼的方式已经不能满足一部分锻炼人群的需求。因此，在健身俱乐部中私人教练非常受欢迎，且占有相当一部分市场。对于健美操来说，编创操作相对简单的低冲击力以及低冲击力与高冲击力混合锻炼的健美操是当前健美操健身中心的常规项目，单纯高冲击力的锻炼不再流行。

## 三、健身指导服务质量提高

面对激烈竞争的健身市场，要想做大、做强，各健身场所必须保证服务质量和提高自身形象，提升竞争力。各类健身场所的经营主要通过服务来实现，服务质量的好坏，将直接影响到健身场所的运营，关系到全民健身的质量，也会影响到健身市场的发展。因此，各健身场所应提高健身指导的服务质量，为健身消费者提供更加优质的服务，满足健身消费者的健身需求，使健身消费者

满意，从而健身场所才能实现可持续发展。健身指导的服务质量现已成为健身场所发展中至关重要的因素。

## 四、健美操市场前景广阔

随着经济与社会的飞速发展，人们的生产和生活方式发生巨大变化。人们的脑力劳动逐渐增加，体力劳动逐渐减少，生活与工作压力加大，导致了各种现代城市病。这种现象的发生，使人们逐渐意识到健康的重要性，因此，人们对健身的需求日益强烈，健身市场发展前景广阔。

健康的体态、健美的体形成了人们追求的目标，花钱买健康成为一种时尚。现代人的审美观念由运动美向人体美转变，时尚健身是一种既经济又方便的方式。花钱买健康的观念逐渐深入人心。健美操以其独特的魅力受到大众喜爱，选择健美操进行锻炼的人逐渐增多，健美操市场发展前景广阔。

# 第三章 健美操现代化发展的学科基础

健美操的相关学科基础包括生理学基础、心理学基础以及营养学基础,对相关学科基础的研究是对健美操研究时必不可少的一部分。在本章中我们将对健美操现代化发展的学科基础进行深入的分析。

## 第一节 健美操现代化发展的生理学基础

### 一、人体生长发育和新陈代谢规律

#### (一)生物的进化

生物体也表现出一定程度的进化趋势。对于地球上的任何生物来说,它最初是一种单细胞生物,后来逐渐发展成一种多细胞生物,产生了各种生物物种。只有在更高智能的生物体(人类)出现之后,这样一个巨大的生物系统才得以形成。

#### (二)生长发育

生物学可以通过新陈代谢的功能不断成长和发展。对任何细胞来说,它都需要经历一系列从产生到发展的过程。一般来说,如果想实现生物体的生长,必须依靠细胞分裂和生长。多细胞生物的受精卵通过重复的细胞分裂转化成年轻个体,然后持续成长为成熟个体。

#### (三)新陈代谢

生命体是一个开放的系统,任何生物都在不断地与周围环境交换物质和能量。一些物质被生物吸收,经过一系列变化后变成代谢物排出体外,从而实现生物自身的不断更新,以适应内外环境的变化,这个过程就是新陈代谢。新陈代谢由两个过程组成,这两个过程具有相反但相互依存的作用,即合成代谢和分解代谢。前者是生物体从外部吸收的物质和能量,将其转化为生命本身的物质,并储存能量。后者是分解生物,释放其中的能量用于生命活动,并将废物排出体外。新陈代谢是所有生物生存的基本条件。代谢紊乱威胁生命，一旦代谢停止，生命就结束了。

### （四）严整有序的结构

生物体不是由各种化学成分随机堆砌而成的，而是多层次结构十分严格有序。除了病毒，对于任何的生物来说，都是由细胞组成的，可以说细胞是一个非均质系统，由原子和分子共同组合而成。

生物体除了细胞之外还包括其他结构单位。种类繁多的细胞器、原子和分子处于细胞的下面。生态系统、器官系统等处在细胞的上面。根据复杂程度将生物的结构单元排列为一系列层次，这被称为结构层次。对于较高的层次而言，有许多性质和规律在较低的层次上是不存在的。任一层次的各个结构单元都有自己特定的结构与功能，它们有机协调构成复杂的生命系统。

## 二、健美操运动的物质代谢

人是健美操运动中活动的主体，我们通过摄入的水、糖、维生素、无机盐等物质的代谢获取能量。物质的代谢是合成代谢与分解代谢两个相互联系的过程。在健美操运动的过程中，物质代谢主要包括糖代谢、脂肪代谢、水盐代谢和蛋白质代谢。

### （一）糖代谢

了解糖对人体的作用以及代谢过程，是能够更好了解健美操运动中糖代谢的前提。糖对于人体而言是一种非常重要的物质，因为它是组成组织细胞的重要成分，同时糖也是我们运动中所需能量的重要来源。在我们每天的活动中，70%的能量都是由身体中的糖来提供的，而且在氧化过程中，糖要比脂肪和蛋白质所需的氧要少很多。因为糖是最经济的功能物质，所以在进行肌肉运动以及脑细胞活动时它就成了首选的功能物质

#### 1. 健美操运动对血糖的影响

正常人的血糖浓度在安静的状态下，变化的范围在39～59毫摩/升。长时间地进行健美操运动可能会引起血糖水平下降，从而使运动者出现运动能力下降的情况。研究表明，在进行不同类别的健美操训练时，血糖浓度变化的趋势也是不同的。因为不同类别的健美操训练的内容与强度不同，所以在训练的过程中，运动者因此引起的神经系统兴奋性也是不同的。在健美操运动的所有类别中，竞技健美操是能够引起兴奋性最高、强度最大的项目，在进行运动的过程中，肝糖原的分解会大大增加，但是竞技健美操的用时较短，所消耗的

葡萄糖量比肝糖原分解的量少，所以在运动过后，运动员的血糖水平较运动之前会有所升高。

**2. 补糖对健美操运动的影响**

健美操运动是一项运动强度大、消耗能量多的运动，特别是其中的竞技健美操项目。所以说如果想要在运动的过程中提高运动效果，一定要合理地补充糖分。研究表明，在运动之前服糖会对运动过程中的血糖水平变化有很大的影响。

（1）运动前补糖

运动前的半小时或两小时是最佳的服糖时间，在这个时间内服糖的效果是最好的，因为在这个时间服糖，可以将糖直接随着血液运送到肌肉组织。而运动开始前的一小时最好不要服糖，因为在这个时间补糖，血糖会迅速升高，从而引起胰岛素反应，大量分泌胰岛素导致运动能力降低，严重者还会出现运动性低血糖等不良症状。

（2）运动中补糖

在运动过程中补糖的最佳时间为每半小时补一次，最佳选择为服用低浓度糖分的饮料，因为低浓度的饮料可促进渗透吸收，由于胃在短时间内只能排空少量的液体，高浓度糖分的饮料则会影响胃的排空时间，会大大影响运动的效果，并且也不利于糖分的吸收。

## （二）脂肪代谢

在有氧代谢训练中，脂肪是主要的能源物质，大部分的脂肪在我们的皮下结缔组织、内脏器官周围、肠系膜等部位。在我们的身体中，脂肪会随着新陈代谢不断地更新。大多数人身体中的脂肪含量为体重的10%～20%，肥胖者的脂肪含量为体重的40%～50%。我们身体中脂肪的主要来源为食物，通常以动物脂肪和植物油为主，另外也会由身体中的糖以及蛋白质转换而成。脂肪对于我们的身体来说是非常重要的，因为脂肪除了是含能量最多的物质之外，同时它还能够保护器官、减少摩擦和防止体温散失。健美操运动对人体内的脂肪含量要求是非常高的，所以我们必须要全面地对脂肪的代谢过程进行了解，这样才能更好地进行健美操运动。

研究表明，在健美操运动的过程中，需要长时间的有氧运动，这样才能够动员脂肪的供能，脂肪的供能比例与运动时间成正比。长期坚持健美操运动还能够减少体内脂肪的积累，达到减肥美容的效果。

## （三）水盐代谢

### 1. 水代谢在健美操运动中对人体的影响和作用

水是人体中最重要的组成成分，在我们的身体的所有组织中含量最多。一个成人体内的水含量约为体重的 65%，婴儿体内的含水量则更高，达到 80%。水的代谢对于人体而言具有维持体温的作用。人体内的水分布在体液和各个器官之中，水的比热容大，温度不易改变，因此当我们进行健美操运动时，身体中产生的热量会引起体温的变化。在水分蒸发的过程中会带走大量的热量，所以在排汗的过程中，水分的蒸发则会消耗大量的热，能够迅速帮助机体排除多余的热量，保持内环境温度的稳定。

### 2. 无机盐代谢在健美操运动中对人体的影响和作用

无机盐是组成细胞组织的成分，具有维持渗透压、维持血液的酸度等多种功能。在进行健美操运动的过程中，不要一次性饮入过多的水，这样会导致血液稀释、血量增加，增加心脏的负担。并且大量的水进入胃中会超过机体的吸收速度，储留的水会稀释胃液，影响消化。饮用过多的水后继续运动，会感觉到水在胃中晃动，从而引起不适，甚至会呕吐。所以在进行健美操运动时饮水一定要少量多次，并且在运动开始前可以饮用 400 毫升左右的水，以增加体内水的临时储备。

## （四）蛋白质代谢

蛋白质是生命活动的重要基础，其作用主要用于建造修补和重新合成细胞成分以及实现自我更新，同时其也是合成酶激素等生物活性物质的主要成分，并且还能够在运动时提供能量。在代谢的过程中，与糖和脂肪不同，蛋白质并不是在体内储存，而是由肝脏分解，肾脏排出。所以在一般情况下，我们每天只需要摄取一定量的蛋白质，而摄取量和消耗量要差不多，这样才能够维持蛋白质的平衡。

不管是哪种运动项目，都能够促进蛋白质的分解和合成代谢，健美操也不例外。我们通过健美操的训练消耗了体内的蛋白质，这并不会破坏细胞组织，反而还会加强蛋白质的修补以及再生功能。同时也要注意，在健美操训练后要针对性地对蛋白质进行补充，这样才能够保证体内蛋白质的平衡，保证运动效果。

# 三、健美操运动的能量代谢

能量代谢是人体内能量的转移，以及人体与外界环境之间进行能量交换的过程。物质代谢与能量代谢是两个关系非常紧密的过程，在能量的代谢过程中能够让能量物质中蕴含的化学能释放出来供机体运动时利用。在进行健美操训练的过程中，对能量的消耗也在明显增加，增加的幅度与健美操训练时的强度和时间成正比。

## 四、健美操运动对生理健康的影响

随着当前社会环境的影响，人们对自身越来越追求完美，希望能够拥有健康的体魄，同时还希望塑造完美的身材，于是健美操运动也就越来越得到重视。在进行健美操运动的过程中，不仅可以使肌肉变得更加发达，还可以增强心血管系统、呼吸系统、运动系统等各内脏器官的功能。

### （一）对心血管系统的作用

在生命活动的过程中，人体主要是依靠血液循环与外界的物质进行交换的，循环如果停止也就代表人生命的终止。从而能够看出，血液对人体的生存具有重要的意义。

#### 1. 可以提高血液循环的质量

通常情况下，正常人的血液总量为体重的8%，但是长期进行健美操运动锻炼的人血液总量为体重的10%，并且血液的重新分配机能也要比普通人快很多，从而能够保障人体在承受较大生理负荷时，经过神经系统的调节，反射性引起肝和脾释放储存的血液。

在人体中，血管收缩与舒张加快的同时血管壁的弹性也会大大增强，使冠状动脉口径增粗，毛细血管的数量增加，在这种状态下可以有效地防止血管硬化，并且对心血管疾病起到了预防的作用。

#### 2. 可以改善心肺功能

经常参加健美操运动的人心肺功能也要比普通人更加健康，这是因为定期参加健美操运动可以增加心肌血红蛋白含量，加强组织代谢，增加血液供应，增厚心肌纤维，增加心脏重量和体积。由于心脏壁的增厚和心脏腔的扩大，心脏的收缩性得到改善，心脏的容量也会得到增加。一般人的心容量为765～785毫升，而参加健美操运动的人，其心容量为1015～1027毫升，每分输出量和每搏输出量也都增加。

### （二）对呼吸系统的作用

呼吸作用是机体与外界环境中气体交换的过程，人体一切活动所需要的能量和维持体温的热量都来自体内营养物质的氧化，氧化过程需要不断消耗氧产生二氧化碳,这就形成了呼吸过程。呼吸系统是人体生命活动中非常重要的标志之一,同时对人体的健康与发展也起到了非常关键的作用。

### 1. 能够有效提高呼吸系统的机能水平

健美操运动对于提高呼吸系统的机能水平也有着重要的作用。研究表明,长期进行健美操运动的人呼吸的频率会相对减少,但是呼吸的深度却加大。这是由于在进行健美操运动的过程中,呼吸肌的力量增强,肺泡弹性增强,肺活量和肺通气量的指标明显增大。不管是对于保持健康而言还是预防疾病而言,提高呼吸系统的机能水平在其中起着必不可少的作用。

### 2. 能够有效促进呼吸器官结构的改变

在健美操的运动过程中,特别是对于竞技健美操而言,运动的强度比较大,肌肉的活动也更加剧烈,因而所消耗的氧气以及产生的二氧化碳的量都会很大,所以呼吸系统就更加需要加倍工作才可以适应机体活动的需要。特别是在进行大负荷的练习时,呼吸次数为 40~50 次/分钟,每次吸入空气量达到 2500 毫升,是平静状态的 5 倍。

## (三)对运动系统的作用

骨骼、肌肉、关节和韧带组成了人体的运动系统,骨骼是人体的支架,而骨骼与骨骼之间连接的枢纽是关节,肌肉附着在骨骼的上面,韧带的作用主要是连接关节并且使关节加固。我们可以进行健美操运动就是靠运动系统的作用,而在运动中所需要的动力就源于肌肉。

### 1. 能够提高关节的柔韧性和灵活性

长期进行健美操训练活动的人关节的柔韧性与灵活性要远远高于普通人,因为在进行健美操活动的过程中关节周围的肌肉、韧带都可以得到明显的改善,并且还加大了关节的运动幅度,久而久之也大大提高了关节的灵活性。

### 2. 能够促进结构机能的有利变化

在进行了高负荷的健美操运动之后,机体组织会因为大量地消耗了能量所以更加需要摄取营养。在这种状态下,肌肉中的毛细血管会增多,结缔组织也逐渐增加,肌肉纤维变粗,肌肉的生理横截面和体积增加,皮下脂肪减少。如果肌肉含量增加,脂肪含量会相对减少,这将提高人体的基础代谢率,有利于人体健康。

### 3. 有利于强化骨结构

长期进行健美操训练活动的人，由于新陈代谢与血液循环能力都要比普通人更加优异，所以促使骨骼的结构与性能也发生了变化。在不同的压力与拉力之下，骨小梁的排列变得更加整齐和规律，正是由于这些结构上的变化，所以骨才变得更加粗壮和坚固，并且在一定程度上使骨的抗压、抗弯和抗断的性能得到了提高。除此之外，对软骨的增生也起到了一定的刺激作用，从而促进了人体的增高。

## 第二节 健美操现代化发展的心理学基础

### 一、健美操运动与心理效应

#### （一）完善心理结构

审美能力是人的全面发展中的一项重要能力，也是个人健全、完善的心理结构的重要组成部分。根据心理学的基本理论，人的心理结构可以分为知、情、意三部分。人类的心理结构特点是由劳动这一人类与动物相区别的根本特点决定的。因此，其也是人类在劳动实践中所形成的。

对于人的心理结构的知、情、意来说，相对应的是真、善、美。"真"即实践对象的客观规律；"善"即主体在某种目的下对客体进行的改造活动；"美"即主体目的在客体上的实现。"真"和"善"分别属于客体范围和主体范围，而"美"则是主体的对象化和实践对象的人化，是一种主客体在"真"和"善"上的统一，"美"处于二者的中介地位。相对应地，"知"是认识客观对象客观规律的能力；"意"即主体意志反映的能力；"情"即审美能力。进一步来说，审美能力是主体对劳动实践所产生的艺术成果所做出的肯定性情感评价，是人类在实践中主观目的达成带来的自我肯定并进而形成的愉悦的情感。对于人类来说，知、情、意是人类通过劳动实践所获得的掌握世界的能力，这三种能力也就是认识能力、意志能力、审美能力。对于审美能力来说，其兼有认识能力和意志能力的特点，处于二者的中间地位。对于个人的心理健康发展和全面发展来说，认识能力、意志能力、审美能力都是不可或缺的，缺少任何一方面都会造成人类在心理结构上的失衡，使其他心理功能的发挥遭到抑制。而审美能力则由于其中介的地位和特点，在人的心理健康发展和全面发展上更具有特殊的作用，审美能力的缺失会导致个人心理结构的失衡，影响人全面发展的实现。

健美操所构建的审美情感作为个体的自觉意识和要求，将抽象的逻辑思维模式和严密刻板的知识体系往往导向感性直观。这是人类完善个体心理结构，促进个性全面发展，实现感性与理性、个体与群体、自然与社会的和谐统一，也是人类从必然王国走向自由王国的必然趋势。而审美情感的教育过程，既是综合运用各种心理能力的过程，也是培育和发展各种心理能力的过程。在这个过程中，审美能力得到充分发展，想象力和思维力也就得到积极提高。这样，就使道德感、理智感向审美感升华成为可能了。这说明，人们之所以重视审美情感教育，不仅在于它是塑造完善人格的充分条件，而且在于它是促进主体意志培养和智力开发的途径。

## （二）促进智力结构发展

健美操运动不仅能培养人们健全的心理结构，还可以促进人智力结构的和谐发展。智力应该是一个多维结构，它不仅包含逻辑思维，也包含想象、直觉等形象思维和灵感思维；不仅包含理性概括，还包含直觉综合；不仅包含意识层面，还包含无意识层面；不仅包含科学分析推理，还包含知觉辨别和类似性联想。总之，以往的智力理论偏重于逻辑思维发展方面，而现代思维科学却根据各门学科的发展和现代思维活动的实际情况，大大拓宽了研究视野，把大量非逻辑思维因素纳入智力结构之中，这是值得充分重视和肯定的。

信息时代的到来和发展，也对人才提出了新的需求。在智力结构上，信息时代对人才新的要求主要体现在以下两方面。

### 1. 要求具备综合知识结构

要求具备综合知识结构，即对于自然科学和人文科学知识都要有所掌握。这是由当前时代新的技术创新通常是在边缘学科和中间学科上取得突破这一现实所决定的。因此这就要求在人才的教育和培养上，不能局限于某一学科，形成单一的知识体系，而在于充分掌握多方面的知识，不断丰富知识结构。

### 2. 重视人才的创造能力

通常情况下，人才可以分为两种类型：一种是知识型人才，其特点在于对既有知识和技能的充分掌握和熟练运用；另一种是创造型人才，其特点在于不仅掌握了丰富的知识，而且具有一定的创造能力，能够从已有领域中开辟出新的领域。随着信息时代的不断发展，传统的知识型人才已经越来越难以满足时代的需求，时代要求培养更多的创造型人才。创造型人才的能力突出表现在实践能力和思维能力两个方面，其中思维能力又包括形象思维和抽象思维两方面的能力，这也是人类所特有的思维能力。其遵循着从个别到一般、从感性到理性的法则，只不过一个凭借概念的手段，一个凭借形象的手段。形象思维能力也就是想象能力，即从原有的形象中创造出新的形象的能力。实质上，形象创造能力属于一种举一反三的创造能力。它是人类一项重要的思维能力，也是影响人类审美能力的关键要素，尤其是在艺术的创作和欣赏活动汇总方面，形象思维能力发挥着决定性的作用。同样，对于科学研究来说，虽然其主要依靠的是抽象思维能力，但是形象思维能力也是必不可少的。它在科学研究中主要表现为凭借直观形象的模拟、类推和假设的能力，在科学研究中发挥着重要的辅助作用。

## （三）实现心灵的净化和健康发展

### 1. 净化心灵

在日常生活中，我们经常有这样的体会：百无聊赖的时候，一部优秀的小说会让我们感到生活是那样得有滋有味；郁闷烦恼的时候，唱唱歌，跳跳舞，使我们心旷神怡，忘却烦恼；心情紧张的时候，一支动听的乐曲，会令我们紧张的情绪得以舒缓，绷紧的神经得以松弛。现代科学证明，在适度的艺术欣赏活动中，随着审美心理活动的展开，人的神经系统会产生特殊的兴奋与平衡。此时，人体内酶的活性、血液的流量、唾液和胰岛素等内分泌都会增多，并进一步得到协调，从而促进新陈代谢和抗病能力的提高。同时，人们通过对艺术形象的感知、联想、理解等审美心理活动，既以旁观者的身份对艺术作品所描绘的生活进行褒贬评价，又设身处地地把自己的情感移入艺术形象中，感同身受、情景交融地去体会作品中的情感，由人及己，又由己及人。健美操运动能激发人们愉快的情感，从而使血液中分泌出一种有益于健康的物质，调节人体节律，引起中枢神经的兴奋，还能加强消化功能，活动筋骨，舒心通气。这种因健美操运动而产生的美的愉悦和陶冶，实际上就是健美操运动所具有的调适心理、净化心灵的功能。

### 2. 促进心理健康

在健美操运动中，个体的美感能够得到有效的激发，在健美操运动的过程中，个体伴随着音乐的节奏，做出各种符合节奏律动的肢体动作，并根据随着节奏的变化，在动作上做出相应的表现。在健美操运动中，人的视觉、听觉等感官被充分调动起来，在音乐的刺激下产生一定的神经冲动并将其反映给大脑，在人脑的作用下由动作知觉引发美感。当人体的律动与音乐的节奏达到完美融合时，个体就会在生理和精神上同时得到满足，实现心灵与肉体的完美融合，使其获得极度的审美快感和幸福感。

一方面,心理活动会作用于情感过程,引发个人的联想与想象,构造出一个美感的世界,个体完全沉浸于想象的美感世界中,仿佛自我存在的感觉都已消失,个体进行充分的情感宣泄和表达,从而获得精神上的极大满足。

另一方面,健美操运动所引发的情绪活动,也能够对人体的内分泌活动造成影响。当人体在激动的情绪状态下或者进行肌肉运动时,会引起肾上腺素的分泌,带来活动能力的提高。当人体受到持续的强烈刺激时,神经中枢就会发出异常的兴奋反应,并对皮质上同时发生的较弱的兴奋起到吸引作用,形成暂时性的神经联系,从而使情感活动所带来的兴奋不断积累,不断增强,推动个体的情感走向高潮。

### (四)完善人格

人格即个体心理在机制和素质上的整合。对于人体的心理活动来说,知识、意志、情感是其基本要素。人格在心理机制上的构成包括理智、道德、审美的感觉,智力、伦理、情感的结构。机制上的统一是构成统一心理人格的重要基础。对于人类来说,人格的完善是一个过程,它不仅要求人格心理发展成为一个整体,同时也要求人格心理所获得的发展是一种全面的发展。理智、道德、审美、智力、伦理、情感等诸要素需要形成整体的有机系统,并且其每一部分都是完善的人格所不可或缺的。

苏霍姆林斯基把完整人格看作一种"由体力、精神力量、思想、情感、意志、性格、情绪等因素组成的极复杂的合金",任何一种成分的削弱都会造成这种"合金"性质的蜕变。因此完善人格作为自由全面发展的个性,不但要有发达的智力和出众的才能,高尚的道德和坚定的意志,而且还必须同时具有博大旷达的情怀,以及高度的审美敏感性。

创造审美人格也是完善人格的重要内容。人格的完善就在于人自由和充分的发展,也就是在全方位上展开与世界的关系。完善的人格需要各要素,尤其是各类具有相对关系的要素,如感性和理性达到和谐统一,从而实现心理机制的不断完善和融和。在黑格尔看来,真和善只有在美中才能水乳交融。不仅如此,他还看到了以美为归宿的最高会合点的真和善的发展走向。真、善、美的契合和交融,便意味着由社会分工所带来的人狭隘性和片面性的克服,意味着人的自我完善和全面发展的实现。

完善的人格是由知、情、意组成的整体结构,因而人的全面发展教育是一项综合系统工程。苏霍姆林斯基认为,要实现人的全面发展,就要使智育、体育、德育、劳动教育和审美教育形成一个统一完整的过程。审美情感的沉睡、麻木乃至匮乏,会造成人的精神空白,破坏人格素质的内在和谐与平衡,肢解完整的人格，甚至会使个体的健全发展丧失内在的动力。而这又是其他任何教育也难以弥补的。

## 二、健美操运动与个性心理

个性是指具有一定倾向的相对稳定的心理特征的总和。一个人在心理活动中稳定的心理特征是个性心理，包括能力、性格和气质。这些特征对个人的所有行为都有一定的影响，因此也影响人们对健美操的参与。

### （一）能力

能力是完成某项活动的必要心理特征。能力是运动员掌握健美操技能和提高成绩的基础。不同人的能力有不同的特点，因此有着多种方面的差异，如能力类型的不同、能力表现时间的不同，以及能力发展水平的不同。

### （二）性格

性格是人们对现实的稳定态度以及习惯化的行为方式。性格与能力一样，都属于一种稳定的心理特征。和能力一样，每个人的性格也是各不相同。

### （三）气质

气质是人类心理活动的一个稳定的动力特征。不同气质类型的人在健美操中会有不同的表现。了解或识别运动员的气质类型对健美操教学非常有益，可以说是运动员参与健美操学习的重要心理基础。

## 三、健美操运动者的心理过程特点

运动者在学习健美操的过程中，对于掌握各项运动项目技术的效果而言，有很大程度上都会受到自身心理因素的影响。运动直觉是人脑对外部事物和人体自身运动状态的反映。运动技术是在运动操作的基础上实现的，协调且准确的运动操作是在高分化的运动直觉的基础上实现的。

### （一）情感过程

#### 1. 健美操运动对情绪的影响

一般来说，情绪可以分为心境、激情和应激。其中，心境是一种容易受到影响、微弱且持久的情绪状态。激情是一种快速、猛烈且短期的情绪状态。激情通常伴随着明显的外在表现。应激是一种由意想不到的紧张引起的情绪状态。在突如其来的非常危险的情况下，当别无选择时，应激状态就会发生。经常参加有氧运动的人可以在应激状态下快速反应，利用他们过去的锻炼经验，集中他们的意志力，果断地做出判断和决定。应激情绪状惊动了整个有机体，这可以迅速改变有机体的激活水平。心率、血压和肌肉张力发生显著变化，从而引起积极的行动变化。

### 2. 健美操运动对心理状况的影响

研究表明，多家医院的心脏病专家认为心理压力、抑郁和烦恼是心脏病的主要危险因素。根据其他报道，多数患有头痛的患者都患有一种叫作"紧张性头痛"的疾病，这表明人们的情绪和精神状态对他们的健康有很大影响。每个人的身体都有一种最健康的力量，那就是良好的情绪力量。美国心理学家德里斯科尔发现有氧运动能成功缓解人们在生活中产生的焦虑情绪。一些人还发现，那些情绪紧张的人在步行15分钟后会感到放松。在整个有氧运动中，人们会感到成功的喜悦、进步的满足和胜利的快乐。改变环境同样也可以消除神经的束缚感。这些对人们的心理以及生理的健康都是非常重要的。

## （二）意志过程

### 1. 健美操运动对自觉性的影响

自觉性是对行动的目的有清晰而深刻的理解，并使自己的行动符合行动的目的。这种意识品质反映了一个人的信仰和世界观，贯穿意志行动的整个过程，也是坚强意志的源泉。自觉性强的人对行动有着明确的目标，他们不仅能够清楚地理解行动目标的合理性，还能够理解行动目标完成时所能达到的社会意义。所以，他们相信自己的行动目标是积极的，并且行动的前途也是光明的。

健美操是能够在音乐伴奏下进行的一种自觉行为的锻炼方式，因为健美操具有增强锻炼系统的功能。定期有氧运动可以提高关节的灵活性，增强肌肉力量，并且能够提高韧带和肌肉腔等结缔组织的弹性。锻炼参与者通过活动能够使身体受益，并且创造良性循环和自觉的行为。

### 2. 健美操运动对坚持性的影响

善于控制和支配自己行动就是意志的坚持性。坚持是一种优秀的品质，通常表现在两个方面：第一，它可以迫使人们去执行自己已经做好的决定，并且能够克服一切困难去完成；第二，人们将在行动中坚持决策，坚定不移地克服所有困难，实现目标。坚持这一品质的特征就是不论面对任何困难与阻挠，都能够以积极的心态与坚韧的毅力顽强地达到最终的目的。

健美操锻炼可以改变精神面貌，培养高尚情操。与此同时，音乐给有氧运动带来活力，当人们在快乐的气氛中锻炼时，他们会感到心情愉悦，不容易疲倦，而且可以减轻精神压力。在这种娱乐活动中，可以使人的思想和情感得到培养，使身体能够得到全面协调的发展，并且精神面貌和气质都将得到改善。特别是集体合作和实践也将有助于增进友谊，提高群体意识，使人们能够更加严格地锻炼自己。

### 3. 健美操运动对果断性的影响

健美操运动可以改善体态，培养端庄的气质。健美操运动是一种具有快速运动频率和固定运动负荷的动态健身运动，因此能够消耗一定量的身体能量，消除身体中多余的脂肪，在减少多余脂肪的同时还可以锻炼某些部位的肌肉，这样就可以使人的身体按照健身标准来塑造。此外，通过有规律和正确的身体运动，可以纠正不正确的身体姿势，培养优美端庄的体态，并且可以提高身体素质和艺术修养。健美操运动是一种需要力量的体育运动。定期进行健美操运动可以增强肌肉力量，提高肌腱、韧带和肌肉的弹性，从而发展人体的力量和灵活性。健身健美操持续时间长，竞技健美操强度大。因此，锻炼者需要有良好的耐力素质。同时，健美操运动由不同类型的运动组成，在方向、路线、范围、力量、速度等方面都有一定的变化，因此可以改善神经系统的灵活性和平衡，从而发展人的协调能力，并能够迅速采取行动培养意志的果断性。

## （三）认识过程

### 1. 健美操运动能够使运动表象成熟

健美操是一种以体育锻炼为基本手段的运动，是一种利用音乐促进身心健康的运动。当人们参加健美操运动时，他们对音乐、环境和教练的教学水平产生好奇，这种好奇心可以使他们在某种意义上积极参与锻炼，并且能够产生积极的效果。

### 2. 健美操运动有助于丰富想象力

在参与健美操运动的过程中，人们不仅能感受到直接作用于感官、音乐、肌肉、神经等因素的刺激，还能在头脑中创造出一些未体验过的动作形象，并在思维和教练指导动作的共同参与下重新创造新的动作技术，也可以根据自己的目标和角色创建新的动作图像。在这种运动中产生的创造性想象为人们工作中的发明创造提供了帮助。这种丰富的想象力可以让参与者理解健美操运动，促进他们的长期锻炼，激发他们对健美操运动的热情，成为健美操运动甚至终身体育运动的执行者和受益者。

# 第三节　健美操现代化发展的营养学基础

## 一、健美操锻炼与营养

为了能够达到身体健康，体育运动与饮食营养都是必不可少的关键因素。体育运动能够起到增强身体机能的效果，而饮食营养则是构成身体中所有组织的物质基础，将二者科学地结合就能够有效地促进身体的健康发展。如若只注重体育锻炼而缺乏必要的营养保证，体内的物质能量消耗就得不到应有的补偿，身体的健康和发育就会受到不良影响；而只注意营养的摄入而缺乏体育锻炼，则会导致肥胖无力、肌肉松弛、机能减弱。

### （一）糖

糖是人体所必需的营养素之一，经人体吸收之后转化为碳水化合物，以供人体能量。糖主要分为单糖和双糖。平常所说的糖主要包括：甘蔗糖、甜菜糖、高粱糖等。各种糖的功能基本相同，不同的是被人体消化吸收的速度不一样。糖分全部都由消化道内分解为单糖之后才会被机体吸收，所以单糖的吸收速度要比多糖要快。

为机体提供热能是糖的主要作用。由于我国的膳食结构就是高糖膳食，在平时吃的食物中对糖的摄取已经足够，因此在平日里膳食充足的情况下就没有必要再去补充其他的成分。摄入过多的糖反而会对身体造成负担，糖分会在体内转化为脂肪进行储存，从而导致肥胖、糖尿病、心血管疾病等，不利于健康。

在人体内糖分具有耗氧少、供能快等特点，所以在进行健美操运动之前，体质弱者可适当食用一些糖，以防低血糖，并且达到延迟或缓解疲劳的效果。

### （二）脂肪

脂肪，俗称油脂，由碳、氢和氧元素组成。脂肪是提供能量的主要物质之一，并且也是人体组织结构的重要组成部分。脂肪主要由脂肪酸构成，而脂肪酸又分为饱和脂肪酸与不饱和脂肪酸两种类型。在我们的日常饮食中，脂肪的主要来源为烹调用的油以及肉类、乳制品、坚果等。

在日常的消耗中我们对于脂肪的需求并不高，通常每天摄入50g左右就已经足够了，所以我们并不需要过多地摄入脂肪，脂肪过多反而会对身体造成负担。因为脂肪在身体代谢时需要大量的氧，并且过多的脂肪，特别是动物脂肪，很容易导致身体肥胖，同时也是造成高血脂以及动脉硬化的主要原因。所以在我们的日常饮食中不宜摄入过多的脂肪。

运动可以有效地消耗脂肪,但是在消耗脂肪的过程中需要大量的氧,所以有氧运动是最科学、有效地减少体内脂肪的运动方式。

## (三)蛋白质

蛋白质是人体代谢的重要物质之一,它由许多氨基酸构成,与人体的运动能力有着密切的关系。肌纤维的增粗与力量的增大都必须要靠肌肉中的蛋白质来增加。同时,血红蛋白与肌红蛋白对改善运动体内物质代谢也有着重要的作用。如果在日常的饮食中,对蛋白质的摄入长期不足,则会出现水浮肿、酶的活性降低和机能减弱、球蛋白减少、抵抗力下降等症状。在成人的身上表现为体重下降、肌肉萎缩、贫血等症状,女性还会导致月经紊乱。而在儿童的身上则会表现为发育迟缓、智力发育缓慢。如果过多地摄入蛋白质同样也会对身体无益,它在代谢和排泄中会增加肝脏和肾脏的负担,尤其在膳食热量不足时,这种危害作用更大。因此,在进行健美操锻炼时,要注意合理地补充蛋白质,既不要过量,又不能缺少。一般瘦肉、鱼、蛋、花生、大豆及豆制品等含蛋白质较高。

## (四)维生素

维生素也是一种重要的营养物质。与以上几种物质不同的是,它不是直接对人体提供营养的物质,而且它也不同于蛋白质,不是生命的基本单位,并且它无法通过人体自身合成。在我们日常食用的食物中,维生素的含量是很少的,但是对人体而言是必需的。通常而言,在食物供给充足的情况下,我们所摄入的维生素含量是足够的,并不需要再另外补充维生素制剂。

### 1. 维生素A

①维生素A能够有效地防止夜盲症以及视力减退,还能够帮助多种眼部疾病的治疗。

②维生素A具有防止呼吸系统感染的作用。

③维生素A具有帮助免疫系统正常运转的作用

④维生素A有助于促进发育,强壮骨骼,维护皮肤、头发、牙齿、牙床的健康。

⑤维生素A有助于对肺气肿、甲状腺功能亢进症的治疗。

在我们的日常饮食中,动物肝脏、蛋黄、黄色与绿色的蔬菜中富含的维生素A含量较多。

## 2. 维生素 B1

维生素 B1 具有促进成长、帮助消化的作用。在我们的日常饮食中，维生素 B1 的主要来源是粮食，多含在胚芽和上皮部分。此外，在绿叶蔬菜，酵母，肉类，动物的心、肝、肾中都含有。过多的维生素 B1 不会在体内储存，多余的会从尿中排出。

## 3. 维生素 B2

维生素 B2 具有促进发育和细胞的再生、增进视力的作用。其在食物中的分布不广，动物性食物中含量较高，其中动物内脏、奶、蛋含量较多，豆类和新鲜绿叶蔬菜中含有少量。由于维生素 B2 在食物中含量较少，所以人体容易缺乏。

## 4. 维生素 B5

维生素 B5 具有加快伤口痊愈的作用，并且还能够制造抗体来抵抗传染病。

## 5. 维生素 B6

维生素 B6 具有帮助消化、促进蛋白质与脂肪吸收的作用。

## 6. 维生素 C

维生素 C 是我们日常中最熟悉的一种维生素，其具有以下几种功能。
①维生素 C 能够有效地治疗皮肤受伤、灼伤以及牙龈出血。
②维生素 C 能够加快普通感冒的康复。
③维生素 C 能够有效地防止维生素 C 缺乏病。

维生素 C 在我们的日常饮食中分布很广，主要存在于几乎所有的蔬菜与水果之中，因为维生素 C 很容易在烹调与储存环境中流失，所以在补充维生素 C 时尽量食用保险的水果与蔬菜。

## 7. 维生素 D

①维生素 D 具有提高钙与磷吸收的作用。
②维生素 D 能够有效地促进骨骼的生长与钙化。

维生素 D 的主要来源不依赖食物，因为皮肤受日光照射后，皮下的 7-脱氢胆固醇可变成维生素 D，经常照射日光所形成的维生素 D 就能满足身体的需要。只有一些特殊情况的人才有必要补充维生素 D。在我们的日常饮食中，鱼肝油、动物的肝脏与蛋黄中维生素 D 的含量较高。

8. 维生素E

①维生素E能够有效地阻止食物与消化道内不饱和脂肪酸被氧化,从而维持细胞膜的完整性。

②维生素E是一种极好的自由基,能提高肌体免疫力,并预防心血管病。维生素E在食物中分布较广,麦胚芽油和玉米油中的维生素E含量较多。

## (五)膳食纤维

膳食纤维是指能增强人体小肠消化吸收,在人体大肠能部分或全部发酵的可食用的植物性成分、碳水化合物及其相类似物质的总和。作为人体必需的七大营养素之一,膳食纤维是一种不能被人体消化的物质,它既不能被胃肠道消化吸收,也不会产生能量。膳食纤维具有改善肠道功能、抑制脂肪合成、调节糖类代谢、调节酸碱体质、提高免疫力等作用。根据它是否可溶于水的性质,膳食纤维分为可溶性膳食纤维和不可溶性膳食纤维。膳食纤维能在肠道中与食物中的部分脂肪酸相结合,减少消化过程中人体对脂肪的吸收,减少脂肪堆积。

在我们的日常饮食中,富含膳食纤维较多的食物有魔芋、芹菜、笋、茄子、无花果、黄豆、石榴、蘑菇等。

## (六)矿物质

矿物质又称无机盐,在人体中是非常重要的。在人体的重量中,其中有96%的成分是有机物与水,而4%的成分为无机元素。在人体中约有50种矿物质,而其中有20多种是构成人体组织、维持生理功能、生化代谢所必需的。每天人体中都会有一定的矿物质排出体外,所以我们必须要在日常饮食中适量地补充流失的矿物质。

### 1. 钙

钙在我们的身体中是一种非常重要的元素。因为它是构成牙齿与骨骼的主要成分,同时它还能够维持肌肉的兴奋性,并且在血管破裂时能够帮助血液凝固减少更多地出血。缺钙的症状就是肌肉容易发生痉挛。

在我们的日常饮食之中,最佳的补钙食品以乳制品与豆制品为最佳,因其含钙量大,吸收率高,如100毫升牛奶中钙含量达100毫克。另外,水产品中的虾皮、海带含钙量也较高。干果、豆类及其豆制品绿叶蔬菜中含钙量也不低,都是钙的来源。

## 2. 氯化钠

钠有维持机体水平衡、渗透压和酸碱平衡的作用，钠可以增加神经肌肉的兴奋性，缺乏时肌肉软弱无力，容易疲劳。氯是合成胃酸的主要成分，对消化有重要作用。此外，氯化钠有调味作用，可增加食欲。其主要来源是食盐。

## 3. 钾

①钾有助于调节细胞内外的水平衡。
②钾有助于促进糖原的合成。
③钾有助于能量的代谢。
④钾有助于促进肌凝蛋白的合成。
⑤钾有助于维持神经肌肉的应激性。
缺钾的症状为神经传导减弱，反应迟钝。
钾普遍存在于各种食物中，水果蔬菜的含量较多，水果中钾的吸收率较高，易被机体吸收，如香蕉、玉米、大豆、荞麦、红薯等。

## 4. 铁

铁的主要功能是构成血红蛋白，缺乏则易发生贫血。缺铁性贫血是最常见的。

在我们的日常饮食中，含铁的食物有很多，如猪肝、木耳、蛋黄以及动物血，其中动物性食物中铁的吸收率较高。

## 5. 水

水是一切生命所必需的物质，是饮食中的基本成分，在生命活动中有重要生理功能，是人体构造的重要成分。水占成人体重的60%左右，是营养物质的溶剂和运输的载体，起到运输、代谢、调节体温和润滑组织等作用。

# 二、不同健身诉求的营养配比

一个经常参加运动的女性每日大约需要能量2000卡，而一个经常参加运动的男性每天大约需要2800卡能量。只有将营养和运动方式完美结合才能达到最佳的锻炼效果，其中膳食结构对整个效果的影响占到70%。健美操运动是一项有氧运动，主要消耗体内热量，只要不偏食，正常饮食，就可以满足日常生活和锻炼所需要的营养物质。

## （一）减脂类

人体中对于能量的主要来源就是糖、蛋白质与脂肪。对于有减脂诉求的人来说，减少身体中脂肪的比例是主要的目的，因此在日常的营养搭配中要减少对脂肪的摄入。

### 1. 营养配比

虽然蛋白质、糖与脂肪在代谢的过程中可以相互转换，但是它们无法完全替代彼此，因此在日常饮食中对这三大营养素的摄入缺一不可。通常情况下，对能量的摄入比例中，糖类所占比例在60%～70%，脂肪占20%，蛋白质占10%左右。

### 2. 注意事项

①在以糖类为主的能量摄入过程中，应注意不要在单位时间内摄入过多糖类，否则多余的糖类会转化成脂肪储存起来，应做到少食多餐。

②由于晚间人体新陈代谢缓慢，需要减少晚餐的能量摄入，因此晚餐能量只能占每日总能量的20%左右，饭后避免久坐或久卧。

③保证摄入足够的糖类，避免产生低血糖症状，影响中枢神经能力。另外，糖类的减少会使人体缺乏饱腹感，产生精神疲劳，影响锻炼的能力，从而加大减脂失败的风险。

## （二）塑体类

在进行健美操的运动中，对于有塑体需求的练习者而言是要增加肌肉的比例，并且肌肉含量不过多，与脂肪的比例在标准范围内。因此，对于此种需求的练习者来说，进行锻炼的时候可以采用强度偏上的有氧耐力训练，而在营养搭配时要采用能量负平衡。

### 1. 营养配比

由于会出现能量负平衡，所以在总能量中糖类的比例占50%～60%，脂肪占20%，蛋白质占20%。

### 2. 注意事项

①对于有塑体需求的训练者来说需要减少脂肪的摄入，但是不宜过少，在饮食中保证正常比例的脂肪的摄入，缺乏脂肪摄入会导致免疫力下降、内分泌失调、激素水平下降、皮肤干燥等多种健康问题。

②想要增加肌肉的含量，蛋白质的补充是必不可少的。

③在膳食的选择上可选择纤维素高的食物，增加饱腹感，同时选择摄入优质蛋白质（如鸡蛋、牛奶、牛肉等），这样既补充了蛋白质，又避免了多余脂肪的摄入。

## 三、营养的摄取

### （一）合理的膳食

培养正确的饮食习惯对保持身体的健康非常重要。每天我们的饮食时间以及所摄入的量都应该与我们每天的作息以及生理变化规律相适应，这样才能够保证身体的健康，保证食物的充分消化、吸收和利用。没有好的饮食习惯，轻则影响食欲，重则造成消化系统功能紊乱，引起各种健康问题，影响学习和生活。

健康的饮食安排应该少食多餐，每餐最好间隔4~5小时，每天进食四餐或三餐为宜，我国大部分地区人们都习惯每日三餐，间隔时间 5～6 小时，这种安排方式同样也是比较合理的，因为每天进食的时间安排应与我们每日的作息时间相适应。

#### 1. 早餐

每天上午 3～4 小时的学习生活，要求我们早餐摄入量占到全天总摄入量的30%，在早餐的食物中我们应该以蛋白质与脂肪为主，适当地添加维生素。例如，牛奶、麦片、三明治、鸡蛋、水果或者果汁。

#### 2. 午餐

午餐需要摄入占全天总量40% 的营养，糖、脂肪和蛋白质都要增加，因为在午餐的时候不仅要补充上午所消耗的能力，还要为下午的学习生活储存能力，所以午餐的膳食量应该是一天中最大的。

#### 3. 晚餐

晚餐需要摄入占全天总量30% 的营养，由于晚餐过后运动减少，消耗的能量也减少，代谢会减慢，所以在晚餐中要减少蛋白质与脂肪的摄入，尽量增加谷类与蔬菜等容易消耗的食物的摄入比例。否则较难消化的蛋白质和脂肪容易积累为多余的能量，导致肥胖，并影响睡眠。

### （二）合理的烹饪加工

存储、加工与烹饪影响食物的营养价值。烹饪可以使食物变得更加美味，另外还能够保留食物中的营养成分，使人体更容易吸收与消化。

#### 1. 煮

在烹调的多种方式之中，水煮能够对糖类和蛋白起到水解的作用，并且还能够使水溶性维生素及矿物质溶于水中,对消化吸收有帮助。煮是众多烹饪方法中对食物营养影响最小的一种。

2. 炖

炖与煮类似,但是在烹调的过程中会比煮时间更长。将食物以炖的方式烹饪可以使水溶性维生素和矿物质溶于汤内,可增加鲜度,但若时间过长,维生素受到的破坏也比较严重。

3. 焖

焖的时间长,B族维生素和维生素C损失较大,若时间短则B族维生素损失相对少些。焖的时间长短和营养素的损失多少成正比,不过焖可以使食物的消化率更高。

4. 卤

我们经常会用卤的方式烹饪鸡腿、鸡翅以及鸡蛋等,这种方式可以使维生素和矿物质溶于卤汁中,脂肪和蛋白质也会损失一部分。

5. 炸

炸对食物的营养损失较大,各种营养素都会有不同程度的损失,其中蛋白质会因为高温而变性,脂肪也会失去功能。但是如果在原料表白粘上一层面糊包裹住食物,则会减少食物的营养损失,因此我们常常会在炸食物之前沾上一层面糊或者裹上一层面包渣,不仅能够使食物更加美味,还能够减少食物中营养素的损失。

6. 熘

熘同炸,也是营养成分损失较大的一种,与炸相同,如果在原料表白粘上一层面糊包裹住食物,就会减少食物的营养损失。

7. 爆

爆这种烹调方式虽然温度会过高,但是通常会在食物外面裹上一层湿淀粉或者蛋清,这层保护膜会使食物的营养素减少损失。

8. 炒

由于炒制的方式不同,因此食物中营养素的损失也是不同的,其中高温快炒是对食物营养损失最小的,而慢火干炒是对食物营养损失最大的。如果食材外层附有蛋清或湿淀粉(即保护膜),营养损失则较少。

### 9. 熏

熏是所有烹调方式之中对人体最不利的一种，因为这种方式会使维生素尤其是维生素 C 遭到严重破坏，损失部分脂肪，同时也可能产生致癌物质。

### 10. 煎

煎制食物是对食物中营养元素破坏最少的一种烹饪方式，用这种方式制作的食物对维生素及其他营养素无严重影响。

合理的烹饪加工对食物营养的保留影响非常大，所以在烹调食物时，应兼顾色、香、味与营养素的保留，以便更好地发挥食物的营养，使菜肴达到最佳的完美状态。

# 第四章 健美操的科学锻炼与评价

健美操作为一项有利于身心健康的运动,越来越多的人投身于健美操的运动之中。健美操运动也是有一定的科学规则的,只有遵循科学规则进行锻炼,才会起到事半功倍的效果。本章主要探讨健美操的科学锻炼与评价,以健美操科学锻炼的原则、积极作用、运动损伤与防治以及健身评价为出发点,为健美操的科学锻炼起到积极作用。

## 第一节 健美操科学锻炼的原则

### 一、合理的健身目的

研究发现,体育锻炼对于人的发展具有重要意义。体育锻炼对于身体素质的提升更具有重要作用。健美操科学锻炼,更是会起到增强体质、强健体魄、预防疾病的作用。合理的健身目的是每位健美操锻炼者应该明确的问题,也是良好的导向。合理的健身目的,一定要根据自身的身体情况,掌握科学的锻炼原则与方式,结合适当的医务监督,进行科学的锻炼。

不同年龄、性别、职业、身体能力的人参加健美操锻炼的目的各不相同,所以,健美操锻炼的目标也大不一样。青少年参加健美操锻炼的主要目的是增强体质,增进健康,养成正确的身体状态,提高动作的协调能力及韵律感和表现力;同时,培养审美意识和坚定的意志品质。青年人参加健美操锻炼的主要目的是掌握健美操锻炼方法,健身美体,塑造优美形体,娱悦身心,广交朋友。老年人参加健美操的主要目的则是强身健体,延缓衰老,预防疾病,养成长期锻炼的习惯。

确定了健美操锻炼的目的,才能根据需要和目标,选择课程的内容、上课的时间和运动负荷。

### 二、规范的锻炼负荷

任何体育项目,只有适当的负荷强度,才可以起到一定的作用。锻炼负荷过小,不会起到健身的效果;负荷过大,超出了身体的承受能力,反而会使身体受到伤害。笔者提出以下两种控制健身者锻炼负荷的方法。

## （一）运动心率确定身体负荷

在锻炼身体时，关于运动心率的控制是在 120~140 次 / 分，关于这个区间定义为"生理负荷价值阈"。对于老年人来讲，一般是控制在 100~120 次 / 分。

## （二）自我感觉确定运动负荷

人体在运动时，对运动的强度负荷会产生一个生理上的反应。自我感觉等级分为非常轻松、很轻松、轻松、累、很累、精疲力竭。

## 三、适当的锻炼频率

健身健美操锻炼要想取得健身强体、健美形体的效果，必须经过一个长期的过程，要求练习者长期不懈地坚持锻炼。因此锻炼者需要安排好锻炼的时间与锻炼的频率，一般情况下，每周锻炼的次数不能少于 3 次，有时间的话可以增加到 5 次；每次锻炼的时间可控制在 60~90 分钟。

## 四、准确的锻炼内容

现代健美操的发展非常迅速，健身健美操的内容和形式呈多样化，出现了很多新颖时尚的健身健美操。例如，搏击健身操、拉丁健身操、瑜伽健身操、健身街舞、动感单车等系列内容。作为健美操锻炼者，应根据自身的身体条件、运动能力、年龄、健身目的等，有针对性地选择一些适合自己的健美操内容和课程，这样才能保证健身锻炼时的安全性和有效性。

# 第二节 健美操锻炼的积极作用

## 一、健美操锻炼有利于身体塑形

### （一）肥胖的定义与类型

#### 1. 肥胖的定义

我们所摄入的食物都含有一定的热量，如果长期摄入超过身体的需要的热量，多余的热量就会以脂肪的形式存储在身体里。一旦人体脂肪的含量超过正常人的一般平均值，就是我们常说的肥胖。

由于人体骨骼大小不同，因此，实际体重与标准体重相差在 10% 范围以内的，都视为正常，超过标准体重的，则称为肥胖。

## 2. 肥胖的类型

①单纯性肥胖。单纯性肥胖是各类肥胖中最普遍的一种,也是占比例较大的一种肥胖类型。单纯性肥胖人群,往往具有家族性的肥胖史,但是不会出现内分泌紊乱以及代谢性障碍等现象。造成单纯性肥胖的主要原因是遗传性因素或者营养过剩。

②继发性肥胖。继发性肥胖在肥胖类型中并不常见,所占的比例也并不多。继发性肥胖主要是由内分泌疾病或者是代谢性障碍疾病所引起的。

继发性肥胖不只是会出现内分泌疾病以及代谢性障碍疾病,还会出现很多的问题,如皮质醇增多症、甲状腺功能减退症、胰岛 β 细胞瘤、性腺功能减退、多囊卵巢综合征、颅骨内板增生症等多种病变。治疗时,主要治疗原发病,运动及控制饮食的减肥方法均不宜采用。

## (二)造成肥胖的原因

### 1. 遗传因素

遗传因素是造成肥胖的重要原因之一。如果父母中有一人肥胖,那么就会加大子女患有肥胖的概率。如果父母双方都患有肥胖,那么子女患有肥胖的概率就会在70%~80%。

### 2. 饮食因素

当今人们物质生活水平提高很多,国民整体能量摄入增多,洋快餐、含糖和碳酸饮料及甜食摄入增加是肥胖的重要原因。

### 3. 运动因素

伴随着社会的高速发展,人们的出行方式、工作方式、生活方式都发生了一定的改变,关于运动的次数也随之减少。但是人们的能量摄入却没有随之减少。很多的人都知道运动的好处,但是却没有落实到行动中。缺少适当的运动是造成肥胖的主要原因之一。肥胖所造成的日常生活中的运动不便、行动缓慢会导致热量消耗降低,不想运动,不愿意接受运动就会形成一种恶性循环,加剧肥胖。

### 4. 精神因素

为了消除心情上的烦恼、情绪上的不稳定,不少人用"吃"来发泄。这都是因饮食过量而导致肥胖的原因。

**5. 社会因素**

很多人都有着"能吃就是福"的观念，现今社会，食物种类繁多，各式各样的美食常在"引诱"人们；再加上大吃一顿几乎成了一种普遍的娱乐，于是便造成了肥胖。

## （三）肥胖的消极影响

从现代医学的角度来说，肥胖并不是福，而是祸。肥胖不仅会对身体的体态造成影响，还会给日常的行动带来不便，容易使人产生消极的心理状态。由肥胖所引发的疾病不胜枚举，严重的话，甚至会造成死亡。

肥胖会带来一系列的并发症，就像我们熟知的高血压、高血糖、高血脂、冠心病等。这些疾病都会给人类的身体健康造成影响，危害我们的生命安全。

## （四）塑造形体的误区

**1. 有氧运动会改变体型**

有氧运动在健身塑型的过程中的确会起到一定的功效。我们所熟知的有氧运动有跑步、骑单车等，有效的有氧运动再加上适当的饮食控制，会带来一定的减重功效。但是只是起到了一部分的作用，没有在实质上进行改变。

有氧运动改变体型，一定要结合综合性的运动，这样才会改变体型，不能只是依赖于单个的运动。将锻炼手臂、腰部、腹部等运动结合在一起，对于塑造形体来讲具有积极的作用。

**2. 不能停止运动**

相信很多人都听说过这样的一句话，"运动停止后会反弹"。其实是这样的，进行运动锻炼主要是为了消耗多余的脂肪，主要包括以前本身就存在的多余的脂肪，还有在锻炼期间所摄入的多余热量所造成的脂肪。所以才会有很多人认为，一旦运动停止，脂肪就会反弹回来。很多人在运动过后没有注重饮食的规律，如果在此期间摄入过多的热量，就会转换为脂肪，那么体重自然不会下降，还会增加。

**3. 节食就会改变体型**

很多人在减肥的路上，都会选择节食。他们认为只要少摄入热量，就会保持体态的健康。实则不然，人每天摄入的能量与热量有一定的要求，可以满足自身的消耗。如果节食，就难以满足自身的消耗，那么就会消耗自身的营养物质，长此以往，人的精神状态与身体素质就会出现问题。

没有合理的营养物质的摄入，人的免疫系统就会出现问题。代谢的紊乱以及各种腺体分泌上的问题，会威胁到人的身体健康。

**4. 不渴不喝水**

众所周知，人体内的水分占到60%左右。作为身体机能正常运行的重要条件，水的作用不言而喻。身体的很多代谢都要有水分的参与，脂肪的燃烧代谢也不例外，如果人的体内缺水的话，不管是对于减肥还是身体健康都有一定的威胁。不要等到口渴的时候才想起来要喝水，这样会对身体机能的运行产生不利影响。

## 二、塑造健康体型的途径

肥胖自身是不会直接导致死亡的，由肥胖所带来的并发症才会对生命安全造成威胁。因此我们需要通过合理的途径来塑造形体。既不能盲目地减肥，也不能胡吃海喝，应该保持健康的体型。

减肥一定要与自身的实际情况相结合，不能只追求效果，忽视自身的身体素质。要通过合理的运动、饮食等措施来控制自身的体重，只有这样才会保持一个合理的体重以及健康的体魄。

### （一）塑造形体的机理

人体肥胖主要就是摄取的热量大于消耗的热量，多余的热量转化为脂肪储存在人体内，所以产生了肥胖。人体能量的消耗主要有三个方面：一是维持基础代谢所消耗的能量。一般正常的中等体力劳动强度的成年男子的基础代谢所消耗的能量，接近人体总能量消耗的一半。二是食物特殊动力作用所消耗的能量。一般混合食物的食物特殊动力作用消耗的能量为120~200千卡。三是从事体力劳动所消耗的能量。体力活动是人体热能消耗的主要因素，在激烈运动时机体的能量消耗比安静时增加10~20倍。因此就能量消耗而言，运动减肥对所有人都有效，这是绝对肯定的。只有人体消耗的能量大于吸收的能量，才能有效减肥。所以，既坚持体育锻炼，又适当节食，才是正确的减肥之路。

### （二）塑造形体的要素

①有氧训练。有氧训练的时间应该控制在30分钟，这样会使人的心率达到一个新的水平，加速血液的循环，给人带来更多的氧气，对塑造形体也会有积极作用，加速脂肪的燃烧与消耗。

②局部肌肉的训练。可以减少肌纤维脂肪的含量，增加肌肉的生理横断面，从而使肌肉线条清晰。

③柔软训练。可以使肌肉韧带得到拉伸,从而变得纤长并富有弹性,能减少和防止肌纤维中脂肪的堆积。

④保证足够的训练时间。一般减肥训练应在2小时,每个动作之间的间隙不超过30秒,每组动作之间不超过30分钟,以保证脂肪的燃烧效果。

⑤控制饮食。肥胖人群,多数饮食结构不科学或饮食过量,加之运动不足,使机体多余的热量转变为脂肪。合理的饮食结构为牛奶和奶制品;瘦肉、鱼和鸡蛋;蔬菜和水果。控制高热、高脂食品的摄入,养成正常的生活习惯。

### (三)塑造形体的运动方式

从现实生活中的肥胖人群身上可以明显地看到,肥胖者脂肪堆积的主要部位是腰部、腹部、臀部和大腿。在整个减肥锻炼过程中,除了注重整体的人体运动外,还应特别加强局部肌肉锻炼,有针对性地进行特殊部位的减肥练习,这样才能达到减少脂肪、降低体重的效果。

**1. 腰腹部健美处方**

①转体练习。两脚自然开立,上体挺直,两臂胸前平屈,两手半握拳;上体保持正直并最大限度地左右转。每周3~4次,每次做3组,每组20~24次。

②仰卧左右转腰练习。仰卧在垫子上,两手握拳屈肘,两膝并拢,小腿收起。脚贴垫面;上体不动。下肢左右转动。每晚重复做12~16次。

③俯卧抬上体练习。俯卧,双脚固定,双手重叠,前伸直,上体最大限度地向后抬,呈反弓形。每周练习2~3次。每次2组,每组15~17次。

④仰卧起坐练习。仰卧在垫上。双手十指交叉置于脑后,上体挺直向上起,然后慢慢还原成仰卧姿势。重复15~20次,每周可安排在隔天的晚上练习。

腰、腹部是脂肪容易堆积的部位。腰、腹部健美操处方中的练习可以任意组合,贵在坚持。

**2. 臀部健美处方**

①仰卧单腿抬臀练习。仰卧,屈右腿,左腿架在右腿上。两手的手心向下置于体侧。慢慢向上抬臀。尽量收紧臀肌,直到腰背挺直。还原后重复。每侧做3组,每组20次左右。

②俯身屈膝举腿练习。双手双膝着地,膝关节成90°。动作以单腿上举开始,腿跟垂直向上,但膝关节角度保持不变,大腿抬到最高处时正好与地面平行。动作不要太快,臀肌收紧。每侧3组,每组20次。

③俯身负重屈小腿练习。双手双膝着地,沙袋绑于脚踝处(注意不要过重),

先把一条腿向后伸直，大约与地面平行。然后用力屈膝成90°，还原后重复。每侧3组，每组20次。注意动作始终要有控制，不能"甩"。

3. 腿部健美处方

①大腿外侧运动练习。在家中找一把椅子，右手扶着椅背，左手叉腰，左脚向外抬高45°，然后放下。反复练习12~15次，然后换另一只脚练习。

②大腿内侧运动练习。右手侧平举，左脚向前抬，由内向外抬高约30°。反复练习15次，然后换另一只脚练习。

③小腿伸展运动练习。身体微屈。双手放在左腿上，右脚向前跨一步，身体前倾，右脚脚尖向上，直到感觉左小腿正在伸展。两腿轮换练习。对于担心有O形腿的人，在运动前可以做这项运动。

④小腿结实运动练习。双手扶在椅背，双脚并拢，双膝微展。缓缓踮脚后跟，上2拍，下2拍。反复练习12~15次。这项运动适合希望将过细的小腿练得健壮结实的人。

## （四）塑造体型的饮食原则

众所周知，人体肥胖的最大原因就是吃得多、运动得少，吸取的热量大于消耗的热量，多余的热量就以脂肪的形式存储起来，所以，产生了肥胖。通过控制和减少热量的摄入，养成合理的、科学的饮食习惯，可以达到一定的减肥效果。

### 1. 控制主食

控制主食，限制纯糖和甜食。主食可采用递减法，养成吃七八分饱的习惯。对含淀粉过多的食物尽量少用或不用。主食最好为粗细杂粮混用。

### 2. 减少热量摄入

减少热量供应，形成热量供求的负平衡。单纯性肥胖是由于饮食过度，摄入的热量超过消耗的热量，使剩余的热量转化成了脂肪。所以，必须限制热量摄入，逐步将所摄入的热量降至其正常需要的60%~70%。

### 3. 提高蛋白质摄入

适当地提高蛋白质的供给量（蛋白质有重要作用：可增加热量的消耗，有利于减轻体重）。

### 4. 合理安排饮食

改变烹饪方法，降低热量摄入（少吃炖煮肉类、油炸食物和快餐食品）。

合理地安排饮食，一日三餐，定时定量；多吃水果蔬菜，少吃零食；晚上睡觉前千万不能加餐。

## 三、健美操锻炼有利于性格的塑造

健美操作为一种体育运动，经常参加健美操锻炼的人群，一般具有热情、勇敢、大方、坚定等特征。健美操锻炼不仅会塑造人的体态，还会完善人的性格。人的性格不是一成不变的，经过环境、时间等相关因素的改变都会改变人的性格。健美操锻炼会对人的性格产生积极的影响。一些比较内向或者是胆小的人可以通过健美操锻炼，适应集体活动，改变自己的性格，勇于表达自己内心的看法与观点，塑造健康的人格。

### （一）提升人的审美意识

健美操是一项富有表现力与节奏感的运动，动作优美、音乐性强。这样的运动会使人产生美感。健美操运动自身可以给人带来自然美、优雅美、协调美，长期进行健美操运动，不仅可以塑造优美的体型，还可以增强人的身体素质，增强人的节奏感与韵律感，提升人的审美意识，丰富人们对于美的创造能力以及表现能力。

### （二）促进人的社会交往

健身健美操运动本身是一种社会活动，必然会涉及人际交往。人际交往是社会发展中的必要技能。但是伴随着社会的发展，人际交往能力却出现了一定的问题，人与人之间的隔阂与日俱增。健美操作为一项集体运动，在无形之中拉近了人与人之间的距离，选择健美操运动的人都有一个共同的目标，他们之间也更容易建立起和谐的关系。

没有硬性规定，什么样的人可以参加健美操运动，什么样的人不可以。所以健美操运动更加符合社会大众的选择，当人们因为同样的目标进行努力的时候，对于人际关系的建立具有积极作用。健美操运动不仅可以使人能够重新认识自己，还可以促进人际交往，打破彼此之间的陌生与隔阂，拉近人与人之间的距离。

# 第三节 健美操锻炼运动损伤与防治

## 一、运动损伤发生的原因

在进行体育运动的过程中,运动损伤是不可避免的。造成运动损伤的原因有很多,有直接原因也有诱发因素。顾名思义,诱发因素就是潜在因素,这与人体的组织器官的功能与特点分不开,会在人体组织器官的负荷过大、动作技术要领失误的情况下,形成发病原因。

健美操运动是一项集技能要求、完成难度、美感于一体的运动,不可以忽视任何一项要求,要注重与自身的身体素质相结合,如果一味地追求成功,忽视自身的承受能力,那么就会加大运动损伤的概率。在进行健美操的体育锻炼中,不可能做到事无巨细,对于每一个可能会造成运动损伤的因素都要进行相应的防护,要通过目前的不断努力,将发生运动损伤的概率降低。

### (一) 内在原因

运动过程中受到机械性和物理性方面因素所造成的伤害,称为运动损伤。运动损伤的发生绝非偶然,有其多方面的原因和一定的规律性,掌握了损伤发生的原因和规律,就能减少运动损伤的发生,从而提高体育锻炼的锻炼效果。一般来说,运动损伤发生的原因有外在和内在两种。健美操运动损伤是指运动员或健身者在进行健美操训练及练习中所发生的各种损伤。健美操是一项对体能要求很高的运动项目。它既要求具有极佳的力量,尤其是优秀的爆发力,又要求具有突出的柔韧性、优秀的耐力和速度。

特别是近年来,高难度动作与过渡连接的加入使健美操运动员的关节常处于非正常生理位置,动作高速连续则使其在训练中容易出现损伤。调查发现,健美操的运动损伤主要集中在膝盖、脚踝、手腕等关节部分。不管是急性损伤还是慢性损伤都会出现。

如果不是专业的健美操运动员,只是处于健身目的进行健美操锻炼的话,对于锻炼者的体能要求还是比较低的。即便是出于健身目的而进行的健美操运动,如果没有相关的技能知识、合理的练习方式、合适的运动场地以及器材,也会造成一定的损伤。健身性健美操的运动损伤主要集中在膝盖、脚踝以及腰部等,以慢性运动损伤为主,一定要注重健美操的合理性与科学性。

#### 1. 缺乏运动损伤知识

由于练习者缺乏必要的预防运动损伤的有关知识,不懂得科学锻炼和合理安排运动量。难以采取各种行之有效的预防措施,致使练习中发生伤害事故。

### 2. 没有进行合理的准备

运动员在比赛和训练前做好准备活动,是预防外伤和内伤的一个重要环节。

### 3. 对人体结构认识不清

如肩关节由肱骨和肩胛骨的关节盂构成,由于肱骨头大,肩胛盂小关节活动灵活而稳定性差,加上肌力不足,韧带弹性差,容易造成肩关节损伤。健美操运动中的手腕支撑、蹬地起跳等动作对于人身体的各个部分的冲击力比较大,稍不注意就会造成生理结构上的伤害,很多进行健美操运动的人,没有重视人体结构,造成了运动损伤的出现。

在进行健美操运动中,有一些具有难度的动作对于腕关节的使用率极高,腕部的韧带装置比较复杂,发生运动损伤的概率也比较大。

在进行跳跃类的动作时,对于踝关节的要求比较严苛,踝关节的重心稍有偏移,或者是协调不周就会造成崴脚或内翻,甚至会引发相关韧带的拉伤。踝关节作为健美操运动的主要支撑点以及发力的关键部位,关节韧带所要负荷的重量多,很容易出现踝关节的损伤。

腰作为身体的枢纽,不管是肌肉还是韧带都会受到反复的拉伸,平时一些细微的损伤都会进行积累。造成相关韧带纤维以及肌肉出现撕裂,甚至是出现少量的出血、水肿等现象,慢慢地积累就会出现慢性腰痛,危害身体健康。

膝关节是人身体内最为关键也最为复杂的关节。最基本的就是进行屈伸运动,如果膝关节突然地伸直或者弯曲,内外两个半月板就会出现向不同的方向运动的情况,很容易造成半月板的损伤。健美操运动中会经常出现腾空落地的动作,如果没有适当的缓冲,突然屈膝就会造成半月板的损伤。针对这样的现象,如果不加以重视,膝关节以及周围的肌肉组织就会出现扭伤或者是炎症。膝关节的重要性不言而喻,膝关节一旦受到损害,恢复的难度就会加大,在健美操的运动中,一定要注重对身体各个机能的保护,避免不必要的损伤。

### 4. 肌肉收缩力下降

肌肉收缩力引发的损伤在年轻运动员的伤病中较为常见,受伤往往是由队员技术动作僵硬不合理,主动肌群和被动肌群收缩不协调,身体大、小肌群力量的不匹配而造成的。受伤较多为撕裂(拉)伤,累及部位多为肌腹、肌肉与肌腱过渡部位以及肌腱附着处。

### 5. 动作与技术要领不匹配

在进行健美操运动的过程中,动作与技术要领之间的不匹配所造成的失误，不仅违反了人体结构的运动规律，还会造成人体机能的组织损伤。

由于运动项目不同，其损伤部位也不同。一般来讲，大多数运动损伤是可以预防的。只要我们掌握和了解其发生的原因、规律，从而采取相应的措施，就能把运动损伤减少到最低程度。

任何一项运动都会涉及动作规范与技术要领，健美操运动也不例外。健美操运动所涉及的难度不同，对于动作的要求以及技术要领的要求自然也不相同。健美操运动涉及动作规范、技术要求复杂多变的情况，这对于健美操的锻炼者来讲具有很高的要求，如果锻炼者走神就会出现动作失误，进而造成运动损伤。

在进行健美操运动时，一定要注重技术要领与动作要求相匹配。这不仅符合人体的机能运动规律，还有利于人的身心发展。健美操也是一项集体运动，也讲究集体的配合，在进行集体健美操的运动中，要注重与集体的配合，发挥出健美操运动的积极作用。

健美操的难度动作并不是适合于每一个人，也不是单纯地依靠力量的大小就会顺利地完成难度动作。一定要依据自身的身体情况量力而行。只有依据自身的身体情况，采取合理的运动方式，才会达到自己想要的效果。在健美操运动中，一定要注重对于力量的把控，一旦用力过猛，就会出现运动损伤。追求健美操运动的规范性与创新性是值得鼓励的，但是一定要注重自身的安全，注重动作与技术要领之间的配合，出现运动损伤就得不偿失了。

## （二）外在原因

### 1. 科学训练水平较低

不管是出于健身还是专业的健美操训练，都需要有科学的训练。盲目地进行健美操训练，是非常容易造成运动损伤的。尤其是一些年轻人，追求新鲜与刺激、对于动作要求与技术要领的领悟不足、自我保护意识缺乏，都会造成运动损伤。

### 2. 慢性劳损

上面我们提到过慢性劳损的概念，慢性劳损是指身体的局部负荷过重，或者长期受到外力的作用而出现的损伤。长期坚持追求健美操运动难度的人很容易患上慢性劳损，还有就是专业的健美操运动员。慢性劳损主要体现在人的腰部，腰部最容易出现劳损，这样的损伤在短时间内很难祛除，如果不能进行合理的治疗，永不治愈的可能性会很大。

### 3. 场地、器材条件不合格

在进行健美操运动的过程中，合适的场地也是重要原因之一。场地过于光滑也会造成运动损伤，器材的不匹配或者是着装的不合适，也会造成运动损伤。一定要选择合适的运动场地与相匹配的运动器材。

### 4. 没有合理安排运动量

在进行运动时，一定要注重运动量的合理安排。运动量一定要与身体的承受力成正比，一味地追求成功，大量而机械地进行运动，就会造成身体的疲惫，一旦超过生理的承受能力，就会出现损伤。运动量的安排一定要合理，过于集中或者是超负荷练习，都会造成损伤。

## 二．运动损伤的分类

### （一）按损伤后皮肤和黏膜的完整性划分

按损伤后的皮肤黏膜的完整性进行划分，运动损伤可以分为开放性损伤与闭合性损伤。开放性损伤就是受伤处的皮肤或者是黏膜的完整性遭到了破坏，伤口与外界有接触，如擦伤、撕裂伤等。

闭合性损伤是指皮肤或者黏膜没有受到损害，伤口与外界没有接触，如韧带拉伤、肌肉拉伤等。健美操运动的损伤一般是闭合性软组织的损伤，如常说的腱鞘炎、骨膜炎、关节损伤等。

### （二）按损伤病史划分

按照伤病史进行划分，运动损伤可以分为急性损伤与慢性损伤。急性损伤就是在进行健美操运动中身体受到的直接冲击力或者是间接冲击力，往往是一瞬间的。而慢性损伤就是指身体的一部分因为多次累积细微损伤或者是负荷过多所造成的损伤。

## 三、运动损伤的预防

运动损伤不仅会影响人的正常生活，严重的话还会导致人伤残，甚至是死亡，所以做好一定的运动损伤防护，十分有必要。

### 1. 加强医务监督

医务监督指的是用医学和生理学、生物化学方法，对从事体育运动的人员的身体进行全面检查和观察，评价其发育水平、训练水平和健康状况，以便为教练提供相应的运动数据，这是方便运动训练的一种方式，也是合理地规避运动损伤的一种途径。

不管是专业的健美操运动还是出于健身目的进行健美操训练，都需要配备一定的医务监督，可以了解健美操锻炼者的身体素质情况，也可以及早地了解到健美操锻炼者的身体异常，避免出现严重的事件，这也是有效规避运动损伤的重要方式之一。除此之外，还可以建立相关档案，方便健美操教练查看，及时地对运动训练的效果进行反馈，对于健美操锻炼者的身体素质有基本的了解，有针对性地安排后续的训练，避免运动损伤。

### 2. 强化心理训练

心理因素在训练的过程中发挥重要的作用，不仅调节心理，还影响运动中以及运动后的物质代谢，控制着心血管以及呼吸系统的功能。所以心理训练也是预防运动损伤的重要途径之一。

在进行健美操展示或者健美操比赛中，不同的心情会影响到动作的完成效果。过度的情绪也会影响到动作技术的发挥，甚至会出现表现失误的情况。对于一些难度要求较高的动作技术，如果稍有偏差就会出现急性运动损伤。所以一定要注重心理因素的调节，在最短的时间内调整到最好的状态，保障自己的安全。

### 3. 全面的体能储备

在进行健美操运动时，一定要做好充分的体能储备，这是保持良好心态的基础。健美操运动腾空高、节奏强、动作变化丰富。只有重视体能储备才可以贯穿健美操运动的始终，保障动作的规范。

全面的体能储备还包括各个关节以及肌肉群之间的力量以及柔韧性的配合。对于容易受到损伤的部位要进行专门训练，增强自我保护意识，避免出现局部的疲劳。

注重体能训练的相关要求，安排适当的体能训练。可以安排一般体能训练与专项体能训练，改善健美操锻炼者的身体素质，注重健美操训练的科学性。身体训练是预防运动损伤的重要手段之一，对于容易发生损伤的部位进行适当的体能训练，也是防止运动损伤的重要途径。

手腕、脚踝、膝盖、腰部以及肌肉都是健美操运动易受损伤的部位，要加强周围肌肉的力量，为健美操运动打下良好的基础。要注重体能训练，尽量避免受到运动损伤。

### 4. 加强功能性锻炼

功能性锻炼主要包括损伤前的预防和损伤后的恢复。健美操运动是一项不断发展的运动,它的动作技术也在向着高难方向发展,可以说其不断挑战人体生理和心理极限,几乎所有练习过高难度的健美操的人都会出现不同程度的运动损伤,所以说,在运动过程中对人体各个易伤部位进行专门保护性的训练是十分有必要的。

预防损伤的训练是保护身体健康的必要途径,主要针对容易出现损伤的部位进行相关训练,如力量训练、柔韧性、运动感觉、本体感受功能锻炼和核心稳定性训练。在健美操运动中,关节是容易受到损伤的部位,加强这些易受伤部位的力量训练,有助于调节身体各个部分之间力量的平衡,促进身体的平衡发展,加强功能性锻炼,预防运动损伤。

### 5. 合理安排训练内容

长时间进行健美操训练,会产生运动负荷,不适当的运动负荷会使人产生疲劳,体能下降,如果健美操运动长此以往出现不适当的运动负荷,那就会产生运动损伤。合理地安排训练的内容也是防止出现运动损伤的重要途径之一。

训练的内容一定要体现科学性,训练与休息是相辅相成的,一定要注重与自己的身体情况相结合,不能逞强,忽视自己的身体情况,健美操运动训练应该是有针对性的,这是防止出现运动损伤的关键因素之一。

### 6. 合理安排放松恢复

健美操运动应该配备合适的放松训练,还应该具备一定的恢复措施。有效的放松运动是避免运动损伤的有效方式之一。适当的放松与恢复,可以调节原来紧张的肌肉,恢复人体的机能。睡眠与增加营养都是比较提倡的方式,药物与红外线照射的方式尽量不宜采用。只有教练与训练人员都认识到放松与恢复的重要性,才会起到事半功倍的效果。

### 7. 重视动作技术分析

掌握正确的动作技术要领,在练习健美操运动的过程中一定要注重对于动作技术要领的理解,一旦出现理解偏差,就会违反生理结构以及运动学的规律,运动损伤出现的概率就会非常大。正确地理解与运用动作技术要领,对于提高练习效率以及预防运动损伤具有重要意义。教练应该注重在练习过程中出现的动作失误,这也是规避损伤的重要途径。

掌握正确的动作技术要领,还应注重运动量的循序渐进。在进行训练时,不能急于求成,忽视运动规律。一定要按照循序渐进的原则,尊重客观规律,既要注重身体的全面锻炼与发展,还要注重自身的身体条件。不能将身体的负荷长时间集中在一个部位,造成局部的压力过大形成损伤。

### 8. 合理安排准备活动

在进行准备活动之前，一定要先选择好适当的锻炼场地，保证运动器材的安全可靠，对于运动着装一定要规范适宜。还要懂得一定的初步急救的知识与方法，初步急救得当的话，会大大减少以后出现并发症的可能性，也会降低以后出现不可挽救的情况的概率。掌握一些初步急救的方式对于预防运动损伤具有重要意义。

根据学员的年龄、性别以及健康状况、训练水平进行合理规划，做好准备工作，根据健美操的运动特点，做好充分的准备活动，增加各个关节的活动幅度，使身体器官处于运动状态，同时还要注重思想的集中，这样才会避免因前期的准备工作不足而造成的运动损伤。

适当的准备活动可以调动身体器官，抵抗生理上的惰性，促进肌肉的运动，调动自己的注意力，为开展后续的训练活动做充足的准备，防止运动损伤。如果神经系统与内脏器官没有被充分的调动，身体的协调性与延伸性就会变差，在这样的情况下开展技术动作的练习，就会导致运动损伤。健美操运动需要调动身体的各个器官协作。一定要注重准备活动的开展，在训练过程中会出现很多的不确定因素，一定要因地制宜，合理有序地安排训练内容，避免运动损伤的出现。

## 四、健美操运动常见的损伤处理

健美操运动中往往会出现一些运动损伤，是不可避免的，下面笔者就对健美操运动中常见的一些运动损伤及其处理措施进行详细的说明。

### （一）擦伤

擦伤是一种比较常见的损伤，会出现表皮脱落，有小的出血点以及组织液渗出，要根据擦伤的具体情况进行相应的处理。

比较轻小的擦伤，一般就是采用生理盐水或者是药水冲洗伤部，然后涂抹药水，不需要进行包扎，短时间内就可以痊愈。

关节周围的擦伤，需要在清洗、消毒之后，用药膏进行涂抹，要不然会影响正常的活动，甚至会出现重复破损。

面部擦伤，应根据受伤的面积进行处理，如果擦伤的伤口比较大，同时被感染的概率也比较大，一定要进行消毒，如果创伤中含有颗粒物，一定要进行轻轻刷洗，将异物排出再进行包扎，如果没有感染，一般在十几天就可以痊愈。

## (二) 挫伤

挫伤比较容易发生在跑、跳等动作中，会出现疼痛、肿胀、皮下出血、功能性障碍等症状。受伤的部位集中在大腿的股四头肌、小腿前部骨膜、小腿三头肌、腹部、上肢头部等。

挫伤应该立刻采用局部冷敷、外敷新伤药，配合上外压包扎。将受伤的部位抬高，减少出血与肿胀。

头部或者是躯干部挫伤严重的话，会导致休克。一定要冷静处理，观察伤者的呼吸与脉搏的情况，在休克时要进行抗休克处理，使伤者保持平卧，及时送至医院进行救治。

## (三) 撕裂伤

撕裂伤是因为受到了物体的打击，皮肤与组织上出现裂口。

伤口不严重的话，应该先消毒，然后用药物进行止血，用纱布覆盖伤口，配合适当外压包扎，如不能控制出血，可以采用止血带进行包扎，尽快送入医院进行治疗。

伤口严重的话，应尽快送进医院进行治疗。

## (四) 肌肉拉伤

肌肉拉伤是因为受到了强烈的牵拉，所引发的肌肉细微的损伤，一部分或者是完全断裂。

肌肉拉伤会出现局部的疼痛、肿胀、肌肉发硬甚至是痉挛、功能性障碍等，一旦出现多处撕裂，肌肉断裂，就会失去控制相应关节的能力。

在受伤之后，应该立刻进行局部冷敷或者是外敷新伤药等。再配合上适当的外压包扎，将受伤的肢体提高，减少出现出血以及肿胀的情况。肌肉拉伤严重会伴随着肌纤维的损伤或者断裂，将肢体进行包扎以后，应及时地送往医院进行救治。

## (五) 大腿后部屈肌拉伤

在进行各种动作的转换与完成时，肌肉自主地收缩或者是拉伸如果超过一定的范围，就会出现大腿后部的肌肉拉伤。场地不合适、准备活动不充分、用力过猛或者负荷过重都会导致出现大腿后部的肌肉拉伤。这部分肌肉训练不到位，不管是伸展性还是弹性都比较差。肌肉拉伤轻则肌膜破裂，重则肌肉完全撕裂。

如果只是肌肉细微的损伤或者是肌纤维轻微撕裂，应迅速地采用冷敷，局部加压包扎，提高受伤的患肢。在一天到两天的时间内采用按摩或者是理疗的方式。如果肌肉大部分或者是完全断裂，在进行局部加压包扎之后，固定患肢，及时地送往医院进行治疗。

## （六）关节扭伤

关节扭伤的含义就是指关节发生异常扭转，引起关节囊、关节周围韧带和关节附近的其他组织结构损伤。关节扭伤之后，会出现关节以及周围的疼痛或者是肿胀，压痛感明显，甚至是关节活动出现明显的障碍。

在受伤之后应该立刻检查韧带有没有撕裂还是完全断裂，关节是否有活动障碍，采用冷敷，加压外包的方式，外服止痛活血的药物，严重的话，应该立即送往医院进行救治。

## （七）韧带扭伤

韧带在持续地挤压、牵拉或者是外力的作用之下，会使关节活动超出韧带的承受范围，特别容易导致韧带的扭伤。由于韧带具有保护关节活动的作用，轻度的韧带扭伤，会出现局部的水肿与轻微的疼痛感，皮下可能出现淤血。严重的话，就会造成韧带撕裂，最终丧失活动功能。

受伤之后应该进行冷敷，局部加压包扎，将患肢抬高。在一天之后对受伤的地方进行按摩或者是热敷。严重的话，用细带将受伤的肢体进行固定，然后立刻送往医院进行救治。

## （八）腰部扭伤

腰部扭伤包括腰部肌肉损伤、韧带损伤及关节损伤等，多发生在腰骶部和骶髂关节。一般由突然的间接暴力所致。腰部扭伤后，会出现疼痛和腰部活动受限。

受伤后应立即停止运动。若疼痛剧烈，应送医院诊治。24 小时后，可采用热敷和外敷伤药，也可进行按摩等。

## （九）关节脱位

关节脱位会伴随着关节囊撕裂，关节周围的软组织会出现损伤或者破裂。关节脱位会伴随着关节疼痛，有肿胀和压痛感，关节功能丧失，受伤的关节不能进行活动，出现血肿，关节复位出现困难。

肩关节脱位时，取三角巾两条分别折成宽带，一条悬挂前臂，另一条绕过伤肢上臂，于肩侧腋下缚结。

肘关节脱位时，用铁丝夹板，弯成合适的角度，置于肘后，用绷带缠稳，再用小悬臂带挂起前臂，也可直接用大悬臂带包扎固定。

可以采用夹板和细带在关节脱位处固定受伤的肢体,然后立即送往医院进行救治。

## 五、运动损伤的治疗

运动损伤出现以后,一定要做到早诊断早治疗,避免错过急性损伤的最佳治疗时间,如果急性损伤治疗不及时的话,很有可能会造成慢性损伤。健美操运动的急性损伤如果治疗及时的话,转变为慢性损伤的概率就会降低,在运动损伤出现之后,应采用合理有效的应对措施。

运动损伤后进行相关的恢复工作十分有必要,促进损伤的愈合与身体机能的恢复,防止损伤的再次发生。在进行恢复时,一定要注重对于受伤部位的合理训练,循序渐进地进行训练,避免急于求成。关于肌肉与关节之间的训练也应该相互配合,有针对性地进行全身的训练以及未受伤部位的训练,注重自我监督与义务监督的作用。

根据运动损伤的具体情况进行训练,因人而异地进行康复训练。在最开始进行运动损伤的康复中,可以借助一些辅助性的方法,促进身体机能的恢复。恢复关节柔韧性,在净值的状态下进行伸展练习,锻炼关节与肌肉,恢复肌肉与关节的弹性。在进行肌肉力量恢复的过程中,受伤部位尽量避免大负荷的训练,等到肌肉恢复之后,再进行肌肉的耐力训练,直到受伤部位肌肉的力量、耐力、速度恢复之后,再开始进行专项训练。

上面笔者在介绍运动损伤的处理时,已经有针对性地介绍了处理的方式。要根据受伤的具体情况以及运动损伤的严重程度,进行运动损伤的处理,并制订详细的康复计划。伴随着损伤的恢复,可以适当加大运动的强度与负荷。针对康复训练中的具体情况,有针对性地借助训练器材进行损伤修复。

## 第四节 健美操的健身评价

## 一、初级水平评价

### (一)学习目标

通过健美操的学习,希望锻炼者能掌握健美操的基本手型、上肢动作及基本步伐,在舒展大方的姿态下,配合着音乐,学会初级健美操组合,并能区分不同节奏的健美操音乐。

## （二）练习评价

在学习的开始阶段，锻炼者可能手脚不能很好地协调，顾了脚就不能很好地完成手上动作，有时加上音乐就不能连贯完整地将成套动作跳下来。但经过一定时间的练习，锻炼者的协调性便会逐渐提高，这时锻炼者的注意力便不会仅停留在脚步动作上，手臂动作会自如起来，并且逐渐关注自己的姿态和动作的韵味等。当锻炼者能较自如地跳下初级健美操组合时，意味着其在健美操领域里又进了一大步了。通过一段时间的健美操练习，锻炼者会发觉不仅肢体更灵活了，而且比以前更开朗、活泼了，与朋友的关系也更融洽了，浑身洋溢着青春的活力。达到健美操初级水平要求，要能熟练完成健美操初级套路，能在22~23拍／10秒的音乐速度伴奏下完成健美操，步伐准确清晰，膝关节有一定弹性缓冲，上肢动作幅度大而准确。在操练过程中能保持正确身体姿态，动作幅度较大，动作路线与方向把握清楚，体现健美操"健、力、美"的风格。能区分不同节奏的音乐，并能较准确地跟着音乐节奏完成健美操动作，表情较自然，有一些感染力。同时肩、腿及胯有一定的柔韧性。

## 二、中级水平评价

### （一）学习目标

通过中级健美操学习，希望锻炼者对健美操动作有进一步的了解，能熟练掌握动作和转度方向较为复杂的健美操套路，并利用简单器械跳健美操。在舒展优美的身体姿态下，跳出熟练和谐的中级健美操组合。

通过小组成员合作，集体创编出有特色的健美操。在学习的过程中，进一步培养锻炼者良好的身体姿态和高雅的气质，激发锻炼者对健美操的热情，愉悦身心，并提高人际交往能力。

### （二）练习评价

达到健美操中级水平要求，要能熟练完成健美操中级套路，能在24~25拍／10秒的音乐速度伴奏下完成健美操。在此基础上进行动作与队形编排，注意动作、方向与路线的准确性。在完成健美操动作中身体姿态固定、准确，能很好地控制身体重心，防止腰部松懈，保持动作的稳定与平衡，使动作更有韵味。技术要领更准确，落地缓冲更协调，动作幅度大。完成动作时节奏感强，音乐合拍，能表现出不同健美操的风格，有较强感染力。

通过小组成员合作，对已学会的健美操进行基本编排，能编排出5个以上不同队形，并能适当加入第二风格动作，能加入简单造型，并能选择适合健美操的音乐进行伴奏，能编排出自己独特的健美操套路。

## 三、高级水平评价

### （一）学习目标

通过对高级健美操的学习，可以对健美操的动作有进一步的了解，加强舞姿的美感与音乐的领悟力，反复练习较为复杂的转体和路线，提高腿部力量，并能完成一些初级难度动作。能独立创编 8×8 动作，加强人际交往，并有一定的竞赛组织能力。

### （二）练习评价

为了达到高级水平评价的要求，应当熟练地完成健美操的高级套路、简单的健美操套路以及其他风格的健美操，可以与 26 拍/10 秒以上的音乐速度相适应，完成动作。

锻炼者不仅需要熟练地掌握动作、方向及转度复杂和难度较大的动作，还需要独立完成 8×8 健美操动作的创编。健美操所追求的运动规律以及运动美感，要求锻炼者控制好身体重心，能处理跳跃动作中脚步支撑、蹬地、着地等动作，脚步动作轻盈流畅，节奏掌握准确，能更好地完成一些节奏变换动作及转度大于 360° 的动作。

注重健美操动作的风格，注重头、眼神的配合，使动作更具感染力。还可以进行简单的音乐剪辑，创编出有特色的健美操组合。具有表演不同风格的舞蹈的能力，能欣赏不同水平的国内、国际大赛。能经常参加表演，并能参加校园健美操比赛。

# 第五章　健美操教育的现代发展

当今世界，随着健美操运动的飞速发展，有越来越多的学者开始关注我国高校健美操运动的发展方向。要想探寻我国高校健美操的发展方向，那么就必须认真分析我国高校健美操的发展进程和发展形势，从而才能够确保我国高校的健美操运动永葆活力。

## 第一节　高校健美操教育发展

### 一、高校健身健美操的发展

#### （一）高校健身健美操的发展现状

新兴的体育健身项目——健身健美操运动不仅充满活力，还充满热情，同时也契合高校青春活力的特征。我国的健美操协会于1992年成立，在成立之初，全国范围内就掀起了健身健美操的热潮，各种健身健美操运动开始在全国范围内展开。与此同时，全国的各大高校也掀起了这一热潮，并且深受学生们的喜爱。所以，高校也开始逐渐开展健身健美操运动。

如今，高校的健身健美操由于不断深入的高校课程改革也取得了发展。对于高校而言，其体育教学方式采用的是普修结合选修，从而使学生拥有更多的自主选择权，因此，大部分学生都选择了健身健美操运动项目。尤其是对于高校的女生而言，她们必不可少的一项体育学习项目就是健身健美操运动。

另外，由于高校源源不断的健身健美操运动比赛，所以高校的健身健美操运动也就变得更加专业，并且大部分学生都在一定程度上提高了自身的健身健美操运动水平。除此之外，高校还引进了一些具有较高水平的健身健美操教师，这也在一定程度上对高校健身健美操运动的发展起到了促进作用。所以，目前高校的健身健美操运动不仅具有非常丰富的内容，还有众多的参与者。

## （二）高校健身健美操的发展趋势与发展对策

### 1. 高校健身健美操的发展趋势

（1）高校健身健美操的发展逐渐多样化

目前，健身健美操运动在高校的体育课程教学中可以说是重要的组成部分之一，并且也开始逐渐具有多样化的种类和练习形式。与此同时，这一发展趋势也符合学生多样化的学习需求。

（2）高校健身健美操训练逐渐提高了科学化程度

随着科学训练手段的逐渐增多，更好地保障了高校学生健身健美操的练习效果。测定不同年龄组学生的身体健康状况，研究最佳运动的心率范围，有助于学生制订科学有效的运动计划。一旦学生使用不科学的训练方法，不仅不能起到较好的锻炼效果，还很容易造成运动损伤。所以，学生只有掌握科学的锻炼原则，才能使健身健美操锻炼的目的真正得以实现。

最近几年，我国高校的健身健美操运动发展迅速，提供了大量的后备人才，在未来的发展过程中也要密切联系市场，从而能够在一定程度上对我国健身健美操的发展起到促进作用。

### 2. 高校健身健美操的发展对策

①加强宣传健身健美操，深化普及健身健美操运动。目前，健身健美操运动在我国得到了普及，尤其是在发展高校健身健美操运动方面，大部分高校都开设了健身健美操的相关课程。如今，在新形势下高校更要加强推广和宣传健身健美操运动，从而更好地普及我国的健身健美操运动。

②大力发展和推广各级学校的健美操运动，增加健美操的人才储备。对于学校的健身健美操运动而言，教师可以说是最为重要的因素之一，学校应该大力培养健身健美操教师，从而能够大幅度提升健身健美操教师的专业技能和教学水平，与此同时，不仅能够取得良好的学习效果，还在一定程度上对高校健身健美操运动的发展起到促进作用。

③加强研究健身健美操运动技术，不仅能够促进健美操技术水平的提高，还能够使学生掌握更加科学的训练方法，从而能够促进高校健身健美操的科学发展。通过科学的方法可以对健身起到指导作用，从而使更多的学生能够积极参与健身健美操锻炼。

④如今，我国还没有深入研究健身健美操的相关理论，虽然实践经验比较丰富，但是没有科学的理论加以指导，很容易使实践与正确的发展轨道偏离。所以，有必要加强研究健身健美操运动理论，尤其是高校的健身健美操运动，

确保其在教学中的权威性，并且还要密切结合健身健美操实践，从而能够用健身健美操的理论知识实现对实践的指导。

⑤与健身健美操创编相比，我国对健美操音乐的研究还不够。由此可见，我们要加强研究健身健美操运动的音乐编辑，通过现有的各种先进科技，整理、统计和分析大量健身健美操方面的音乐资料，并利用多媒体技术制作视频和音频。

### （三）高校健身健美操的创新

#### 1. 高校健身健美操创新的基本原则

（1）安全性原则

对于学生而言，他们参与健身健美操锻炼的主要目的是锻炼身体和增强体质。倘若学生在运动的过程中发生伤害，那么也就违背了健身健美操运动的初衷，所以，健身健美操教学必须对内容的安全性加以考虑。

（2）针对性原则

在高校健美操教学过程中，不仅要考虑学生的健康水平、身体状况和技能，还要按照不同层次的课程内容进行安排。既要达到体育锻炼的目的，又要达到寓教于乐的教学效果。

（3）合理性原则

合理性原则也是创新高校健身健美操运动必须遵循的一项原则。换句话说，高校要严格按照人体生理解剖结构来创新健身健美操运动，同时还要科学合理地搭配各种动作，从而使各个动作能够自然地衔接起来。

#### 2. 高校健身健美操创新的主要内容

（1）更新健身健美操审美观念

不同的时代对人有着不同的审美标准。我国古代主要的审美观念是体质强健，形体伟岸。然而现在，随着时代的发展，人们的审美标准也发生了巨大的变化。在健身健美操运动中，完美地诠释出了人们对美好生活的追求，在全民族体质提高的过程中，新的审美观念发挥的作用无法替代。

（2）创新健身健美操动作创编

尽管健身健美操在我国起步较晚，然而对它的发展速度却没有产生任何影响，我国的健身健美操运动正逐步向规范化、国际化以及多样化迈进，与此同时，健身健美操的独特魅力与风格吸引了越来越多的人。尽管健身健美操具有比较丰富的动作，并具有自己的特点，然而它不是简单意义上的自我表现，而是要不断提升自己。由此可见，健身健美操运动在一定程度上体现了人们对生活的追求，它的创新特征比较鲜明，因此健身健美操运动才能够拥有如此强大的生命力。

（3）创新健身健美操音乐

音乐在健身健美操运动中可以说是非常重要的因素之一，其节奏感和音乐表现直接关系到配乐选择的好坏。大学生在对健身健美操运动进行学习时，音乐能够使他们的学习激情得到充分发挥，由此可见，我们十分有必要对健身健美操音乐进行创新性研究。

## 二、高校竞技健美操的发展

### （一）高校竞技健美操的发展现状

竞技健美操作为一门特殊的选修课，在我国许多高校得到了迅速的发展。换句话说，竞技健美操的发展源于高校。在多年的努力发展之后，中国大学生体育协会健美操艺术体操分会不断壮大，日趋成熟，相继出台了一系列关于比赛规模、教练员、运动员等的管理方法，严格按照大学生的自身条件和特点制定动作，这在一定程度上对大学生技术水平的提高、健美操运动的普及以及校园文化的丰富起到了促进作用。

### （二）高校竞技健美操的发展趋势

#### 1. 动作方面

（1）动作难度

竞技健美操技术的发展在某种意义上是由竞技健美操技术规则的发展所推动的。在规则的要求下逐渐催生了具有新难度的动作，这是健美操运动发展的必然结果，同时也是竞技健美操比赛获胜的物质基础。难度动作在某种意义上体现了大学生竞技健美操运动员的综合素质。只有当他们具备一定水平的综合素质和能力，才能选择适合自己且具有一定难度的动作。做难度动作，关键要考虑的是一个"新"字，本着大胆创新的原则，做不同、多样、出其不意的动作。大学生在选择难度较大的动作时，应该做到全方位，不仅要有上肢力量动作，也要有下肢力量动作；不仅要有柔韧性动作，还要有开创性动作。只有这样，高校竞技健美操的发展才能顺应时代发展的潮流。

（2）动作连接

如今，在竞技健美操的动作创新中，未来的发展方向始终是巧妙流畅的动作连接。当竞技健美操动作达到一定高度时，动作连接方法的重要意义将会彰显出来。在竞技健美操中，不同的动作连接技术的衔接效果是不同的，较好的动作连接能够起到事半功倍的效果。在健美操创编的过程中，尽管都是相同的动作，然而因为具有不同的连接方式，所以取得的效果也会大不相同，与此同时也在一定程度上使动作的难度价值得以提高。

（3）动作配合

团队竞技健美操是高校竞技性健美操中的主要形式，只有在2人、3人或6人的巧妙配合之下，才能更好地完成这一整套的健美操动作，只有在巧妙、完美和高难度的配合之下，观众、裁判才能够留下深刻的印象。由此可见，在训练和比赛的过程中，高校竞技健美操运动员要根据自己的特点设计动作，并且还要配合默契，从而能够形成一个有机的整体，而不是作为一个单独的动作。

### 2. 音乐方面

良好的音乐不仅是健美操运动的灵魂，而且也是赢得健美操比赛的重要因素。目前高校竞技健美操的发展趋势主要是音乐与动作的协调性和新颖性。从目前的发展趋势来看，如今的竞技健美操创编仅仅依靠动作曲调设计是不行的，还要求专业人士按照运动员的动作特点和个性，进行新颖、独特的竞技健美操的创编。只有制作出高质量的音乐，健美操的动作、风格和音乐才能成为一个完整的整体，竞技健美操的特点才能更加完美地凸显出来。

## （三）高校竞技健美操的创新

### 1. 高校竞技健美操创新的原则与基础

（1）高校竞技健美操创新的原则

一般情况下，我们可以按照创新活动的客观规律来确定高校竞技健美操的创新原则，它不仅能够对创新活动的客观规律有所反映，还总结了创新的实践经验，同时也在一定意义上指导了高校的创新实践。由此可见，在竞技健美操的训练中应该严格按照实际需要，正确对创新的相关原则加以贯彻和运用。

①科学性原则。在创新高校竞技健美操的动作时，首先就要考虑人体运动的科学性，在进行动作的创编时，应该严格按照人体运动的生理解剖规律、运动负荷曲线进行。另外，还要据此对内容、技巧、形式和方法进行创新，从而提高创新动作的科学性。讲究科学性原则主要是为了防止创新动作带来运动损伤，从而能够更好地保障高校竞技健美操动作的创新与发展。

②竞赛性原则。一般来说，正是由于健美操比赛的日益增多，高校才逐渐兴起了竞技健美操，那么怎样在竞技健美操比赛中提高学生的成绩，成了我们创新竞技健美操动作时应该考虑的问题。如果从竞技的角度出发，那么就要突

出和升华动作创编中的各种因素。因此,在创新竞技健美操动作时,必须认真选择动作素材,同时还要保证动作的新颖性,从而使高校的竞技健美操运动富有创新意识与时代气息。

与此同时,不仅要明确规则的具体要求,还要对比赛规模和其他队伍的实力加以了解,从而能够为动作的编排奠定良好的基础。由此可见,在创新高校的竞技健美操动作时要认真遵循竞赛性原则。

③针对性原则。在创新高校竞技健美操动作的过程中,有必要从高校运动员的运动水平、身体素质、形态、特长等方面进行创新。

由于大学生运动员的个体差异,无论是在接受、感受、表现健美操动作方面,还是在技术水平和身体素质方面都具有不同之处,因此,在创新健美操动作时,应该过多地关注动作的难度级别、连接动作的巧妙和过渡动作的新颖,与此同时,还要选择具体的、有针对性的创新方法和手段来进行创新。

(2)高校竞技健美操创新的基础

只有大学生具有良好的身体素质和技术水平,那么才能更好地创新高校竞技健美操的动作,接下来笔者主要阐述对竞技健美操难度动作的强化训练。在竞技健美操运动中,比较常见的就是难度强化训练,它是将现有的高难度动作细化到更高层次,对大学生掌握高难度技术和身体素质提出更高要求的一种训练方法。所以,在创新竞技健美操动作的过程中,有必要不断促进现有难度动作质量的提高,不断促进难度动作技术准确性的提高,除此之外,还要注重身体的控制能力和难度动作的相关规范。

在高校竞技健美操难度创新训练中,比较常用的一种训练方法就是增加难度训练。一般来讲,增加难度的训练包括以下两种:负重难度训练和递进负荷难度训练。在进行难度创新训练时,高校运动员应该具备全面的身体素质,并且还要能够准确对这项高难度的技术加以运用。只有这样,大学生才能够更好地进行创新难度动作的学习。

增加难度训练作为竞技健美操创新难度训练的基础,能够有效地提高大学生运动员的身体素质,掌握难度技术。所谓创新的难度,即高校运动员要具备较全面的身体素质和技术能力,这也在一定程度上提高了高校运动员的身体素质和技术水平,并且也是对高校运动员意志品质的检验。

## 2.高校竞技健美操动作创新的能力与方法

(1)高校竞技健美操动作创新的能力

我国竞技健美操运动的发展,密切关系到高校健美操运动员和教师在实践中的努力。高校竞技健美操运动要想能够更好地生存和发展,那么就必须要进行创新。然而创新就应该具备创新思维的能力。在创新竞技健美操动作方面，应该注重培养高校健美操学生和教师的以下几项能力。

①思维能力。思维能力包含思维的广度、深度、灵活性、独立性等丰富的内容，也是思维发展的基本范畴。按照思维理论和竞技体育创新实践，我们可以认为组成高校竞技健美操难度创新思维能力的重要组成部分主要包括想象力、多向思维能力和联想思维能力。

其一，想象力。所谓想象力，即改变、组合、扩展和操纵图像以创造新图像的能力。可以说，一切创新都源于人类思维的想象。要想使想象力得以激发，那么就必须要具备丰富的联想能力，并且还要敢于提出疑问，除此之外，还要具有渊博的知识和经验。在创新高校竞技健美操动作方面，想象力发挥着至关重要的作用，健美操教师在竞技健美操的训练场上，要按照学生的动作表现建立动作联系，组合和处理相应的动作，从而能够不断促进新思维和新动作的产生。

其二，多向思维能力。它是多角度思考和解决问题的能力，不同于单向思维。多向思维从多角度、多层次、多方面、多方向对事物进行研究和理解，并在侧向、逆向以及发散性思维辐射中转移思路，从而能够获得创新的设想。在创新高校竞技健美操动作的过程中，运用多向思维能够多层次、多角度地认识动作，全方位分析技术难度，认真思考运动的路线，为创新竞技健美操动作创造条件。

其三，联想思维能力。所谓联想思维能力，即把一个事物和另一个事物联系起来的能力。其本质是在两个被认为不相关的事物之间找到联系，具有较强联想思维能力的人能够调动有限的知识和经验，并利用这些知识和经验拓展和创新思维。

在创新高校竞技健美操动作的过程中，健美操教师必须善于从已有的动作中进行发散，同其他项目动作之间建立联系，建立良好的创新思维模式，从一个动作向多个动作展开联想，或者从一类动作向其他类动作展开联想，这也在一定程度上对健美操教师联想思维能力的提高起到了促进作用。除此之外，健美操教师要在自己灵感产生的瞬间对灵感进行捕捉，从而能够促进健美操教师创新能力的提高。

②观察能力。一般来讲，观察是人们运用自己的感官感知外部世界的过程，观察能力是指在观察过程中人们把握事物微小变化的能力。创新者必备的一个条件就是细致的观察能力，这主要是因为通过观察能够对一些感性材料进行获取，从而能够找到创新的方向，抓住创新的机会。在创新高校竞技健美操动作的过程中，一般而言，观察能力体现在以下两方面。

其一，对动作的变化具有敏感性，即对学生成套动作中的动作变化和技术变化的敏感性。健美操教师应该对学生完成成套动作的情况进行认真记录，对一些细小的问题要认真观察，积极发现和解决学生的疑惑，激发自己的灵感，从而能够对一些新的动作加以创造。

其二，对各种动作有敏锐的洞察力，也就是说，能够通过动作表面形态的变化了解各种动作的本质特征。高校健美操教师不能仅仅将对一个动作的认识局限在表面形式上，而是应该对其本质进行深入研究。

③创新设计能力。所谓创新设计能力，即把有价值的想法付诸实践的能力。在日常生活中，有创意和有价值的想法随处可见，但是往往由于种种原因，而不能将这些创意付诸实践，由此可见，有必要培养教师和学生的创新设计能力。在创新高校竞技健美操的能力中，非常重要的一项能力就是创新设计能力，一般包括健美操教师的组织实施能力和学生的实际能力。

其一，健美操教师的组织实施能力。在实际教学中，高校健美操教师应该认真检验高校竞技健美操的创新动作是否与人体运动解剖学规律相符合。除此之外，为了使学生能够更快、更好地掌握新动作，健美操教师应采取一系列的训练方法。

其二，实际能力。所谓实际能力，即学生的实际水平能否完成教师设想的新的难度水平的能力。一般而言，学生的实际能力包括身体素质、心理素质以及难度技术水平等。所以，健美操教师在创新竞技健美操动作时，必须充分考虑学生的实际能力，否则进行竞技健美操的难度设计将无从实施。

④预见能力。所谓预见能力，是一种基于逻辑思维能力和个人知识来对未来进行推断的能力，它严格按照客观事物的已知因素和发展变化规律。在创新高校竞技健美操动作的过程中，主要从以下两个方面体现了预见能力。

其一，对动作的发展趋势进行预见。目前，竞技健美操在高校中拥有着越来越复杂的动作组合、越来越巧妙的动作连接，所以高校竞技健美操越来越重视动作的艺术体现和完成质量。由此可见，健美操教师的设计与创新应该从动作的发展趋势方面进行。

其二，对学生的潜在竞技能力进行预见。健美操教师在进行动作创新时，要充分考虑学生的心理需求和突破困难动作的意识。当学生掌握了现有的难度或身体素质已经超过了目前的难度时，健美操教师应该提前预测和推断学生的这一潜在竞技能力，并逐渐开始创新竞技健美操的动作。

（2）高校竞技健美操动作创新的方法

在创新竞技健美操动作时，健美操教师必须对相关的动作创新方法加以掌握。同时还要学会总结创新理论的一般方法，并按照健美操自身的技术特征和正确的动作创新方法来创新竞技健美操的相关动作。在创新高校的竞技健美操动作时，一般用到的是以下几种方法。

①递进创新法。所谓递进创新法，即遵循原有的健美操技术动作，在一定程度上增加或减少健美操的内容或形式，从而能够对新的技术动作进行获取。递进创新法在健美操运动项目中得到了广泛的应用。

②逆向创新法。所谓逆向创新法，即具有创造性思维的方法，通常是从逆向出发，在现有技术、功能特性、结构形态等方面提出问题、思考问题并最终解决问题的一种方法。在这种逆向创新法下能够使人们的思维得到拓展。在创新高校竞技健美操的过程中，逆向创新法的作用至关重要。

③移植创新法。所谓移植创新法，即在高校的竞技健美操中引进部分或全部其他项目的运动形式或原理，在进行一定的转化之后就能够对那些新的动作技术进行获取的一种方法。竞技健美操系统密切关系着其他领域，它们不仅相互联系，而且具有许多共同的特点，彼此之间能够进行相互转化与借鉴。由此可见，在创新高校竞技健美操难度的过程中，更为直观的一种动作创新方法就是移植创新法。

④组合创新法。所谓组合创新法，即在进行创新时要遵循一定的目的和意图，不仅要综合考虑动作的整体功能，还要使动作要素的结构有序。另外，对动作技术的发展需求还要加以关注，从而能够使高校学生更好地学习和掌握竞技健美操的动作技术。

## 第二节　高校开展健美操教育的价值

### 一、塑造学生形体

健美操作为一项新兴的体育运动项目，不仅能够锻炼身体，还能够愉悦身心，因此深受人们的喜爱。目前，随着社会经济的发展，极大地提高了人们的生活水平，这也在一定程度上带动了人们对健康、娱乐的需求。人们也开始逐渐重视体育运动，心态也发生了相应的变化，不再是被动接受体育项目，而是积极参与到体育运动中来。所以，这些都在一定程度上提高了健美操运动的地位，人们也逐渐参与到健美操运动中来，并且也都收获了健康和快乐。

与此同时，在逐渐深入的全民健身理念之下，健美操运动成了我国的一项主要健身项目，同时也是全民健身的重要组成部分之一。目前，在大部分高校的体育健康教学计划中都加入了健美操运动，更好地发展了专业的健美操知识，并且使大批的健美操运动人才得到了培养。在我国的体育健身事业中，健美操运动发挥的作用日益明显，此外，发展健美操运动的意义也比较深远。

在长时间的健美操训练之后，学生可以使自身较差的身体状态得到改善，从而使学生能够塑造一个比较优美的体态，除此之外，学生的修养和气质也将得到培养，使人感到朝气蓬勃、健康向上。另外，健美操运动还能在一定程度上塑造更加健美的体型。特别是在力量练习中，学生不仅可以增强骨骼的发育，而且也可以增加肌肉围度，弥补一些先天的身体缺陷，从而对学生健美体型的塑造起到了促进作用。

与此同时，健美操运动也可以说是一项有氧健身运动，所以长时间的健美操训练能够使学生体内多余的脂肪得到更好的消除，平衡人体的吸收和消耗，并且还可以减轻体重，从而使学生的健美体型得到保持。

## 二、丰富校园文化生活

随着人类社会文明的发展与进步，逐渐催生出了一些体育项目，在人类社会文化的发展过程中，体育发挥的作用越来越重要。目前，在人们的业余时间，体育健身成了至关重要的一项活动，它不仅可以使参与者的身体得到锻炼，还可以使参与者的身心得到满足。由于健美操运动的迅猛发展，健美操在人们的生活中越来越受欢迎，与此同时，人们的生活中也开始出现很多健美操比赛。

对于高校而言，健美操运动不再只是一种教学形式。在高校的校园文化活动中，由于健美操运动的独特性，所以才能够在高校中站稳脚跟。无论是在学校重要的文化活动中，还是在学校的各种比赛中，都能看到健美操的身影。如今，由于高校健美操运动的深入发展，大部分高校学生开始喜欢参加健美操比赛。为了准备比赛或演出，学生会投入更多的时间和精力，然而在这个参与的过程中学生不仅身体得到了锻炼，而且也愉悦了身心，与此同时，学生的自我表现欲望也在一定程度上得到了满足。

观看比赛和表演对于观众本身来说是一种娱乐性欣赏行为，在表演的过程中，学生通过高超的健美操技巧使健美操运动的特点被充分展现出来，与此同时，健美操运动也吸引了越来越多的参与者，这也在一定程度上丰富了学生的校园生活。

## 三、促进学生心理健康

现在，随着社会竞争的日趋激烈，很多高校学生的学习压力逐渐增大。他们往往由于过大的精神压力，从而出现内心焦躁、抑郁等问题，在这些精神压力下，导致大部分学生产生了心理上的疾病。然而，体育运动能够在一定程度上缓解学生的精神压力，从而能够有效预防学生产生各种心理疾病。从这个角度来看，健美操具有更加突出的功能，健美操不仅动作优美，还能全面锻炼身体。除此之外，因为健美操的音乐伴奏节奏感强烈，从而能够有效缓解学生的精神压力。在轻松优美的健美操运动中，学生能够忘记那些不好的事情，把注意力从这些烦恼中解脱出来，享受健美操运动的乐趣，不仅能够平静自己的内心，还能够使自己的精神压力得到有效缓解，从而使学生拥有一个良好的心态。

除此之外，在健美操运动中，学生可以提高自己的人际交往能力。人际交往能力在高校的生活中是至关重要的一项能力，不仅能培养学生之间的友谊，还能使学生以正确的心态面对种种压力，同时能够使身心得到放松。由此可见，健美操运动不仅可以健身，还可以娱乐身心，使学生能够在运动的过程中获得精神上的享受，从而使学生的心理需求得到充分满足。

## 第三节　现代健美操项目

### 一、瑜伽

瑜伽一词来自印度梵语，意思是"一致""结合"或"和谐"。古印度是瑜伽的发源地，古印度的信徒对瑜伽体系进行了发展，这主要是因为他们相信通过身体的锻炼和呼吸的调节等方式，他们能够完全对自己的情绪和心智加以控制，从而能够对身体健康起到促进作用，如图5-1所示。

图 5-1 瑜伽

瑜伽作为一种修身养性的方法，把动和静融为一体。通过结合姿势、呼吸和冥想，实现修身养性的效果，此外，瑜伽也在一定程度上缓解了现代人的压力。如今，瑜伽正运用不同的形式对人们的价值观、生活方式和审美观进行着改变。由此可见,瑜伽逐渐成为一种时尚,同时也是现代人生活中不可或缺的一个重要组成部分。

## 二、街舞

### (一)街舞的起源与发展

街舞在我国的发展始于 20 世纪 80 年代,由于 1984 年美国街舞电影《霹雳舞》的拍摄才使得街舞得以迅速发展。1984 年,美国正是广泛流行街舞的时期,它引起了大部分美国人的注意,各大媒体竞相报道。与此同时,我国才刚刚普及录像机。通过录像带的方式,《霹雳舞》逐渐在我国民间流传开来,这一动作表演深受广大年轻人的喜爱,因此,其中的一些年轻人开始练习霹雳舞。在这之后,我们在大街上经常会看到一些年轻人跳一些看似很"怪异"的舞蹈,他们有时前后走太空步,有时两手不停地传电,这些"怪异"的舞蹈动作吸引了众多人的目光,如图 5-2 所示。

图 5-2 街舞

### (二)街舞的健身作用

街舞是一种小肌肉的运动,经常练习,可以提高整个身体的灵活度和协调性,让身材比例更加标准。街舞没有固定的模式和风格,每一个人跳跃的感觉都不一样,长久的练习可以释放自己,进而舒缓身心。它涉及的肢体动作一般较夸张,并且爆发力较强,通过众多的身体动作进行连贯组合,可以增强人体肌肉的弹性,健身的同时还可以减肥。在心理方面,可以缓解心理压力,调节心理疲劳,主要表现在舞者对音乐内涵和舞蹈的诠释方面。街舞与体操有一定的区别,它不像体操那样具有一定的规范和动作,而是由跳舞者自由发挥,在跳舞的过程中进行创新,把自己的跳舞风格充分地进行展示,同时也让跳舞者把自己的特质淋漓尽致地发挥出来。

街舞具有丰富性、随意性、趣味性，在有氧的运动中可以改善舞者的心肺功能，使他们的身体和神经同时放松，对身体和心理都具有很好的缓解作用。街舞对于舞者的健身和健心作用是其他运动项目不能相比的，适当的街舞运动对我们身体的健康有很大好处，但是过于频繁激烈的街舞运动对身体并没有太大的好处，所以应在保持身体健康的前提下去进行适当的街舞运动。任何运动项目的练习都需要有坚持性，目前很多健身者都体会到，健身虽然好，但是坚持下去并不容易。练习街舞需要有持之以恒的决心。另外，在街舞的练习课堂中很多教练对练习者的精神是否愉悦、动作是否流畅以及是不是做到了彻彻底底的心灵放松进行了更多的关注，这也正是街舞的本质内涵。街舞始终以它的丰富性、趣味性以及对身心的放松吸引着众多的青年人。我们进行街舞运动最主要的就是把生活中的压力宣泄出来，并使身体得到一定的锻炼，所以说街舞具有健身的作用。

### （三）街舞的基本技术

#### 1. 弹动

一般来讲，街舞中身体的弹动主要体现在各个关节上。其中，对整体影响最大、使用频率最高的就是膝关节的弹动。要想完成膝关节的弹动动作，就需要大腿前股四头肌及大腿侧股二头肌有节律的交替收缩，使膝关节保持一定的弯曲角度，为需要时迅速变换姿势。除此之外，身体其他部位的弹动也依赖于相关肌肉的控制和交替收缩。不要出现运动关节一侧肌肉完全放松的状态，因为这样会使机体失去控制，显得松懈甚至造成关节损伤。

#### 2. 控制

一般而言，街舞的控制技术体现在以下两个方面：肌肉的用力顺序与方式。大部分街舞动作具有的动感很强，要想使这一特色充分表现出来，就必须经常使用肌肉的爆发力，因此，必须协调控制肌肉的松弛。

#### 3. 移动和转换

移动和转换通常指的是移动和转换身体的重心。一般而言，街舞的重心移动技术体现在动作方向的变化方面。身体通过前后左右的运动，其路线发生了较大的变化。一般情况下通过左右脚的支撑变化来实现街舞的重心转换技术，除此之外，这一技术动作所占的比重比较大，从而使街舞动作更加富有节奏感和韵律美。

## 三、踢踏舞

### （一）踢踏舞的源起

在早期，人类的大部分舞蹈都是打击式的，或用手击打身体的各个部位，或用脚击打地面。当美洲还是殖民地时，来自欧洲的移民和来自非洲的奴隶共同来到了美洲大陆。由于文化背景的不同，他们都有自己各自的打击型舞蹈。他们一开始相互了解，后来又相互排斥。所以可以说他们是独立发展的。然而很快人们就在用踏脚来表现舞蹈上找到了结合点。

于是，踢踏舞的雏形逐步形成。所以，可以说踢踏舞是欧洲、非洲两个大洲的不同文化在美洲融为一体的产物。踢踏舞如图5-3所示。

图 5-3 踢踏舞

美式踢踏舞的节奏感主要继承了非洲打击乐的强烈明快。此外，美国踢踏舞在技术上还与当时已经相当成熟的木屐舞紧密关联，如用脚跟和脚掌击打地板形成的落步和敲步已经出现在当时的舞蹈词汇中了。

### （二）踢踏舞的发展

#### 1. 从第一次登台到黄金时代

踢踏舞一经形成就在当时的大庄园、竞技场、跳舞场等许多不同的场合公开表演了。而踢踏舞第一次登台则是在19世纪中期。美国黑人威廉姆·亨利·兰率先用踢踏舞为歌手的演唱伴舞，并一举成名。从此，随着歌手演唱的广泛流行，用踢踏舞伴舞也随之成风。在黑人舞者吸取以爱尔兰踏步舞为代表的欧洲民族舞蹈风格的同时，爱尔兰舞者也积极地向非洲舞蹈学习。尤其在美国内战后，随着黑人地位的提高，他们把许多新思维和新技法带进了踢踏舞，对踢踏舞的发展做出了重大贡献。甚至可以说,美国踢踏舞里有着浓重的黑人元素。因此,不同国家、民族、人种的相互交流是踢踏舞开花结果的巨大推力。另一个促进踢踏舞发展的重要因素就是大量踢踏舞赛事的举行。最初的踢踏舞比赛中,每场都由六位评委进行公开、公正的评选。这引起了踢踏舞者的激烈竞争,进一步促进了美国踢踏舞的发展。

于是,到了20世纪的前30年,美国人水到渠成地迎来了踢踏舞的全盛时期。而在这其中,1920—1934年更是它的黄金时代。因为在此期间,踢踏舞已经成了百老汇最为普遍的舞蹈形式,并从百老汇直接搬上了电影银幕,进而又闯入好莱坞。再加上当时的美国剧场数量急剧增加,无线电台、电视台的广为开播——所有这些文化传播的硬件,也促进了踢踏舞的繁荣。

**2. 从爵士踢踏到未来踢踏**

然而,好景不长,随着经济大萧条时代的到来,剧场大批倒闭,踢踏舞者大量失业,这都直接影响到了踢踏舞的发展。此外,在文化层面上,社会的娱乐风向开始转向了电影。而电影中的舞蹈大多为集体舞蹈,集体舞蹈似乎不再需要天才演员,而只要舞者随大流、跟着程序跳。踢踏舞似乎已成了明日黄花。然而这时,一种新颖的、载歌载舞的百老汇舞台舞蹈进入人们的视线并很快占领了显要的位置,那就是爵士舞。爵士舞是芭蕾舞和大众舞蹈的结合。在这个当口,踢踏舞表现出了自身顽强的生命力,很快,随着爵士舞从百老汇到好莱坞电影、再到电视荧屏上的迅速传播,踢踏舞也与之融合,新颖的爵士踢踏诞生了。诙谐的音乐、动感的舞步,使爵士踢踏与带有浓厚古典芭蕾意味的爵士舞分庭抗礼,再一次开创了踢踏舞新的辉煌。这次辉煌一直延续到了20世纪五六十年代。

时代的迅速进步,总是让老的舞蹈形式风光不再。随着现代舞、街舞、时尚舞等新颖舞种的不断涌现,爵士踢踏很快就显现出了风格偏单一的弊端。所幸踢踏舞在长期的发展中已经形成了一种风格,无论身处哪个时代,踢踏舞都能像海绵一样吸收其他舞种的精髓,并结合自身特色,不断地涅槃重生。因此,随着时代变迁,踢踏舞便逐步成为音乐剧舞蹈的一部分,直到20世纪80年代,随着百老汇音乐剧《42街》等一系列音乐剧的上演,踢踏舞又重放光彩。一种"通过舞蹈节奏讲述自己的故事"的新风格踢踏——节奏踢踏应运而生,并逐步成熟。此外,随着踢踏舞者与音乐家越来越紧密的合作,他们又不断开发出许多新的踢踏舞,如管弦乐踢踏舞、多重奏踢踏舞、乐句连接和拍号变化的踢踏舞等。甚至未来踢踏舞,"其本身就是音乐,而不仅是演绎音乐"。所以,正如"有史以来最伟大的女性踢踏舞大师"布兰达·勃发利诺所说的那样,"踢踏舞发展至今还远看不到它的尽头"。

舞蹈竞争激烈、舞种不断涌现,而踢踏舞始终都能与不同的舞蹈形式相结合,在保持自身灵魂之外,形成不同的风格。这种不死的精神使踢踏舞保持着强大的生命力,经久不衰。

## 四、啦啦操

### (一)场地啦啦操

#### 1. 场地啦啦操运动的起源与发展

场地啦啦操运动是一项新兴的体育运动,起源于美国。19世纪后期,场地啦啦操才得到正式发展。美国普林斯顿于19世纪70年代成立了第一个啦啦队俱乐部。20世纪20年代,女性才开始活跃在啦啦队中,并逐渐在欢呼声和呐喊声中加入一些健美操动作,并且为了增加气氛手里都拿着道具,如图5-4所示。

**图 5-4 场地啦啦操**

啦啦操在20世纪70年代开始出现在比赛中,甚至出现在摔跤、游泳和田径比赛中。1980年,第一届全美啦啦操锦标赛在美国举行,并率先对啦啦操的竞赛规则进行了制定,由此可见,啦啦操运动成了竞技比赛中的一种。从那时起,啦啦操运动的发展变得更为迅速。

在中国,场地啦啦操运动可以说是一项新兴的体育运动。中国大学生篮球联赛(CUBA)自1998年成立以来,一直有为其加油的啦啦操队。啦啦操运动最早是在高校里发展起来的。

### 2. 场地啦啦操运动的特点

（1）团结协作

啦啦操运动是一项集体活动。只有满足一定数量的人数，才能变换更多的队形和空间，才能编排更多的动作层次，完成更复杂的技巧和创意动作，从而使啦啦操的魅力能够真正得到体现。因此，在训练和表演的过程中，啦啦操运动员要相互合作、信任和鼓励。

（2）动感活力

啦啦操运动表现出来的精神不仅是朝气蓬勃的，还是健康向上的，所以，对于啦啦操队员来说，其必须具有青春的形象和健美的体形，并且还要具有端正的五官和端正的仪态，充分展现青少年的健康美和青春美。男运动员的肌肉线条要明显，体型也要比较匀称；女运动员的肌肉曲线要生动，体型比例要匀称，皮肤也要比较光滑。

（3）目的明确

啦啦操运动的目的比较明确，也就是运用有意义的手势、响亮的口号和统一的动作，对健康的生活态度、自信和乐观的精神进行传达。

## （二）看台啦啦操

### 1. 看台啦啦操运动的起源与发展

2002年日韩世界杯期间，看台啦啦操才真正得到重视，尤其是由韩国球迷组织的"红魔"队。他们以新式的欢呼方式、整齐的动作以及比赛结束后不把一张纸留在看台上的行为而闻名，如图5-5所示。

图5-5 看台啦啦操

看台啦啦操是新兴的一项啦啦操项目。世界上很少有组织开展看台啦啦操活动的城市。在中国，蓬勃发展的也只有北京市的看台啦啦操。

### 2. 看台啦啦操运动的特点

（1）简易性

其一，看台啦啦操学起来非常简单、容易，所以每个学校、单位和社区都能够对文明看台啦啦操进行组建；其二，看台啦啦操没有对队员提出较高的要求，并且动作幅度小，下肢动作也比较简单。

（2）广泛性

看台啦啦操没有较强的运动强度，并且动作也比较简单，对于运动员的年龄也没有过多的要求，老少皆宜。

（3）灵活性

看台啦啦操与场地啦啦操有所不同，看台啦啦操没有明文规定限制，它是看台观众自发组织的，只有规模的大小之分，这也在一定程度上使看台啦啦操的开展变得更加容易和灵活。

（4）文明性

看台啦啦操对建设赛场文化起到了促进作用，在体育竞赛中发挥着文明展示的重要作用，与此同时也起到了模范带头作用，除此之外，也是企业、学校和社区文明的重要载体。

## 五、普拉提

### （一）普拉提的起源与发展

普拉提是一种锻炼方法，因为由约瑟夫·普拉提创立并推广，因此用他的名字来命名。

普拉提没有复杂的动作组合，学起来很容易。它的动作以动静结合为主。它的适应性很强，能适应很大年龄段的人练习；能够借助哑铃、弹力带等进行身体训练。

普拉提既不像有氧健美操那样剧烈，也不像瑜伽那样繁复高深，它是一种大众的健身方法。普拉提效果显著，动作简单易学，对于形体塑造来说，是一种很好方法，如图5-6所示。

图 5-6 普拉提

## (二)普拉提的特点与功效

### 1. 普拉提的特点

(1)糅合了东西方的运动概念

对于西方人而言,他们注重锻炼身体的肌肉能力。而对于东方人而言,他们注重训练人的呼吸和心灵。普拉提结合了东方的柔韧和西方的刚毅,不仅对古代瑜伽和太极的精髓进行了汲取,而且通过节奏的方式有机结合了呼吸、冥想、柔韧、平衡,从而更好地实现了脊椎的伸展和韧带的拉长,同时,还提高了躯干的稳定性,让肌肉柔韧性得到改善,增进肌力,增强躯干的控制能力、平衡能力、稳定能力。

(2)理论的科学性

普拉提不仅集聚了东西方运动概念的长处,还与包括现代运动科学和康复科学在内的当代心理学和生理学研究相兼容。这是一个非常科学的健身理论。

(3)安全性

普拉提是一种温和、静态的锻炼方式,对关节和肌肉的损伤很小。同时,通过普拉提运动的动静结合,身体变得既紧张又放松。节奏的变化使锻炼者能够对自己的身体进行更好的控制,从而能够减少错误姿势的负面影响。由此可见,普拉提运动是安全系数最高的一项运动。

(4)简单易学

与瑜伽相比,普拉提的动作更简单一些。这主要是因为普拉提没有相对复杂的动作,掌握起来也十分容易。简单易学可以说是普拉提的一个最大特点。另外,普拉提运动并不局限于活动地点,不管是在健身房还是在起居室,都可以进行练习。

（5）实用性强

普拉提没有场地限制，要求也不多，动作也比较简单，学起来十分容易，效果也比较全面，所以说具有很强的实用性。

**2. 普拉提的功效**

（1）恢复脊柱的生理功能

人的脊柱就好比人的外表一样，随着年龄的逐渐增长也在逐渐发生退化。当今世界，由于人们面临着越来越大的工作压力，所以导致很多职业女性长期伏案和使用电脑，并且很少有人认真对自己的脊柱进行呵护，因此开始有越来越多的人出现了脊柱病变。

普拉提训练法注重增强腰背肌和深层肌肉的力量，对于职业女性而言，通过训练腰背肌，脊柱周围肌肉和韧带力量大大增加，与此同时，脊柱的安全性也得到了极大的提高，并且正常脊柱的生理弯曲也得到了有效恢复。

（2）挺拔身姿

对于普拉提的训练方法而言，其中的一项重要组成部分就是拉伸练习，它采用了瑜伽和芭蕾的姿势，在每组动作的最后拉伸目标肌肉。拉伸的益处主要表现在以下几个方面。

①可以有效预防发生运动损伤。

②可以在一定程度上缓解疲劳，有效恢复体能。

③强化机体器官的功能。

（3）提高精神

普拉提能够对情感健康起到促进作用。平稳的动作能够在一定程度上使人们的心灵得到平静，有效缓解人们的紧张情绪。当对肌肉进行拉长时，能够加快循环系统的运转，从而逐渐摆脱紧张的情绪。

（4）促进关节健康

通过身体的拉长，普拉提可以对骨关节的疼痛加以缓解。适当进行普拉提运动可以有效治疗关节炎。这主要是因为拉伸可以使人体的柔韧性大大提升，并且能够有效缓解人体的关节疲劳。除此之外，拉伸还能使人体的肌肉变得更加健康。另外，普拉提还能在一定程度上减轻腿部、背部、颈部和肩部的疼痛。

# 第六章 健美操的产业化发展分析

产业化是健美操现代发展的重要方向，经过一段时间的发展，我国健美操的产业化发展取得了一定的成果，依托于各类健身俱乐部，健美操实现了商业化的发展，逐渐深入广大群众的生活。一方面，人们健康观念的发展和对健康的追求，为健美操的产业化发展提供了良好的机遇。另一方面，由于我国体育市场还有待发展成熟、健美操项目的关注程度还有待提高等，健美操的产业化发展还面临着一定的问题。因此，必须在对我国健美操的产业现状进行分析的基础上，寻找健美操产业化发展的途径与对策。

## 第一节 体育健身市场与健美操

### 一、体育消费的概念、结构与其影响因素

#### （一）体育消费与体育消费水平

体育消费是指人们用于体育活动及相关方面的消费。直接参与体育活动中的消费是狭义的体育消费，包括购买运动装备、体育器械、观看体育赛事和活动的门票，参加运动技术培训课程。参与体育活动所花费的一切费用是广义的体育消费，如我们去外地观看足球比赛就要涉及交通费、餐饮费、住宿费等，这些属于广义的体育消费。

体育消费水平指用货币来表示人均的体育实物消费资料及体育服务消费资料的消费数量。体育消费的数量和质量是人们在一定时间内对体育消费的水平和实际需要满足的程度。随着社会的发展，体育消费水平的高低体现了一个社会的经济文化发展状态，反映了一个国家的社会生产力水平和社会经济水平的发达程度，还体现了一个国家对体育意识的注重程度。

我们之所以把体育消费问题作为体育产业研究的逻辑起点，是因为体育产业的产生与发展来自居民的体育消费需求。我国要想制定体育产业政策，就要在根本上了解我国居民的体育消费问题和居民的消费需求。随着社会的发展和进步，居民收入逐渐提高，居民的体育消费水平、偏好以及结构不仅影响体育产业的发展，还决定体育产业的结构与规模。

## (二)体育消费的结构类型

体育消费结构是指体育消费者在一定时期内(通常是一年)所有体育消费资料的构成比例,它在一定程度上反映了居民在体育各项花费上占总消费的百分比。体育消费结构能直观表现消费者在体育消费上各种消费资料的花销之间的比例,也客观地反映了居民在体育消费质量上的变化情况。居民的体育消费对该范围内体育产业的形成与发展具有导引作用。体育消费结构根据不同需求有着不同的划分方法。

### 1. 按消费目的划分

体育消费结构中有中间消费和最终消费两种,这也是体育消费者购买体育消费资料的目的。体育消费对于热爱体育的消费者来说,是为了实现自我满足,因为消费者一旦购买体育商品,一定会全身心地体验使用商品的快感,这样商品消费资料的自然形态和价值形态自然也就消失了,这就是体育消费的最终消费。而中间消费则不一样,是体育消费品作为中间投入品被体育企业购买,企业的利润由体育企业的客户使用消费品所产生。比如,很多健身的人会去购买健身所用的器材设施、承包体育赛事的公司会去购买赛事版权等,这一系列行为,都是购买者将体育消费品作为商品进行使用的。

### 2. 按消费支出划分

按支出的主体来划分,体育消费结构可划分为个人消费和社会公共消费两部分。由个人自动、自发地购买体育消费品的消费行为被称为个人消费,如购买健身器材、服装、设备,购买观看各大体育赛事的门票等。与之相比,由中央和各地政府部门为促进全民健身而设立专项经费来维护公共健身设施的消费行为被称为社会公共消费。与个人消费不同,社会公共消费品是无偿的、利民的,为更多想参与到体育运动中的居民提供了更为便利的条件。

### 3. 按消费性质划分

不同体育消费能够满足人们对体育消费不同的功能需求,实物性体育消费、观赏性体育消费、参与性体育消费构成体育消费。消费者花钱购买的各种实物性商品的消费行为就是实物性体育消费。实物性体育消费品包括运动器材、服装、护具、户外装备、食品、体育纪念品、体育出版物等。运动服装、护具、器材属于消费者直接用来参与体育活动的实物性体育消费品。各种体育报纸杂志、明星海报、手办人物模型、游戏软件等不能直接参与体育活动的,主要用于传播体育消息或者满足消费者在体育上的某些特殊偏好。

各项项目运动器材之间不能相互替代，也说明了实物性体育消费品具有专一的功能性。但有的体育消费品也能在日常生活中使用，如运动服装，在有些年代学生就是穿着运动服装去上学的，这说明了在当时体育运动的兴起也使运动服装引领了时尚和潮流。

## （三）体育消费的影响因素

### 1. 收入水平

这里的收入不是指居民在一定时间内的所有收入，而是指在一定时间内除去日常生活开支后的剩余，具体分为个人消费支出和储蓄两部分。对于非体育迷的普通人来说，每月基本收入只能满足日常所需的普通家庭或个人，不可能会节衣缩食把钱花在体育产业上，所以说体育消费品并不是大部分人生活所必需的。因此可以看出，只有当人们的收入水平达到一定程度且能满足日常生活支出后有一定的剩余时，这些人才会为体育消费而支出，由此可见，居民家庭收入在满足日常生活开支后的剩余是决定居民体育消费行为收入的重要因素，剩余越大，体育消费的资本就越大。

收入水平的高低还影响了消费者对体育产品不同档次的选择。经济学把商品规划为正常品和低档品两种类别。收入越高会对正常品的需求量越大，对低档品的需求量小；反之收入水平一般会对低档品的需求量大，对正常品的需求量低。对于收入水平一般的体育消费者来说，只能购置一些相对价格便宜的性价比高的的体育器材与装备，或是在社区的公共场地进行体育活动，享受一些基本设施。对于收入水平高的消费者，收入水平越高，眼界就会越高，购买的运动器械与装备会更为专业，也会选择一些著名的器械品牌，会在正规的运动场地进行体育运动，体育消费的质量和支出在一定程度上成正比。由此看出，收入水平影响了消费者对运动场地的选择，也间接影响了一个地区体育场所档次和规模的建设。如果在建设体育场所时考虑得不到位，就会出现场所无人问津或是过于拥挤，所以可以在居民收入一般的地区多建一些基础的运动设施，在居民收入高的地区建一些高档的体育设施场地。市场规划与细分受到当地居民收入水平的影响。

### 2. 时间因素

工作的时间与业余时间对居民的体育消费行为有较大的影响。人的时间是有限的，时间就是生命，人在生活中基本就是在做两件事，要么工作学习，要么利用业余时间来放松，在有限的时间内，工作和业余是成正比的。当个人工作的工资上升时，业余时间就变得非常昂贵，个人想要休息一会就会使工资减少，所以当一个人工资提高的时候，他就会减少休息，把更多时间投入工作当中。然而，当人们获得高收入的同时，也会对休息产生更大的渴望。人们到底是更愿意得到高收入还是更愿意有充足的休息时间，也要看具体情况。从发达国家可以看出，人们通常以牺牲休息为代价去增加收入。个人工作与休息时间决定人们的体育消费行为。一旦收入水平达到一定的高度后，身体劳累，人们会想要更多休息时间，同时想要减少工作时间。所以人们的体育消费需求不同于对其他生活商品的需求。对商品产生需求有两个重要条件：一是人们有购买的意愿；二是要有购买的能力。不仅要具备这两个条件，还得看人是否有充足的时间去享受体育消费品。

随着生活节奏的不断加快，人际关系愈加复杂，越来越多的人处于一种"亚健康"的状态。而运动便是改善这种状态的良药。生活水平的不断提高使得越来越多的人愿意在体育运动上消费，观看一场体育比赛或演出，能在一定程度上改善人们的消极情绪，能使人们的精神状态更加饱满，从而能积极乐观地投入生活中去。人们逐渐意识到适当运动能够改善健康状况、增强体质、减少患病概率，也更加渴望追求身心健康。

### 3. 消费方式

体育消费结构受居民消费方式的影响。在一些人眼中没有体育消费也影响不到日常生活，体育消费并非生活必需品。随着经济的发展、人们收入水平的提高，人们对低档品的消费需求逐渐减少，对奢侈品的消费需求越来越高。但是当人们在满足日常生活后，是不是愿意将所剩下的收入花在体育中就和个人消费方式有关了。一部分人受个人理念或家庭习惯的影响，崇尚节俭，把收入剩余存到银行或购买金融理财产品，希望从中获得更多的利益，因而体育消费对这一部分人来说可有可无。而有的人对于生活质量有着一定的追求，热爱体育，愿意在体育上投入资金，有的甚至会通过消费信贷购买一些奢侈的体育装备，这样的人大多出现在欧美国家，因而在这样的国家体育消费就成为居民消费的重要内容，体育产业蒸蒸日上。

消费者所处的社会地位也影响着他们的消费方式。人们的社会地位是由多种因素决定的，如个人财产、文明素养、生活习惯、价值取向以及人们在社会中所扮演的角色等。不同社会地位的人消费观念和消费习惯也大不相同。社会地位越高的人，对娱乐性消费需求就越旺盛，体育消费所占比重也越高。人所处的社会圈也影响着消费观念和习惯，处于一个圈子的人往往会有相似的体育消费观念，圈子中不同消费观念的人也可以通过交流和沟通使自身逐渐接受和认同特定的消费观念和方式。这也说明了体育消费方式具有先导性和超流性。

体育消费不仅取决于居民的消费方式，还取决于当地国家政府的宣传。通过广泛的宣传，大面积地开发体育设施建设，能够极大地提高人们参加体育运动的热情和主动性。例如，1990 年加拿大制定的"积极生活"、1990 年美国制定的"健康公民"、1994 年澳大利亚制定的"活跃澳大利亚"等计划，同样在 2009 年我国制定的"全民健身日"把每年 8 月 8 日作为全民参与健身活动的日子，国家都把公民的身体健康作为首要核心。当我国北京、张家口成功申办 2022 年冬奥会后，习近平总书记号召"三亿人上冰雪"，为响应国家的号召，很多人都参与到滑冰、滑雪等冰雪运动中去，冰雪运动也因国家的号召成为新的潮流与风向，这种现象的出现不光推动了体育产业的发展，也带动了城市的发展，使体育消费在居民总消费中的比重不断上升。

#### 4. 个体行为特征

体育消费行为会因个人的职业兴趣爱好、性格等存在明显差异，也可以总结为体育消费行为也与消费者的个人行为有关。一般来说，一个人的兴趣爱好决定着体育消费。当一个人喜欢某种体育项目或是某位明星时，他会主动投入体育消费并愿意亲自参加这项运动。但是任何兴趣都存在转移性，有的人因为在支持的某场重要比赛中失利，心情失落，从而心里受到伤害，排斥这项运动；还有的人因为支持的体育明星出现负面新闻，从此就失去了对该明星的喜爱。由此我们可以看出，个人的一些客观因素是参加体育活动兴趣是否持久的一个重要原因，也体现了在现代社会中个人兴趣爱好会被不同因素影响从而发生转移。

个人消费行为也和消费者在体育消费上的动机有关，即动机也影响着个人消费行为。根据不同人群，体育消费者的某一动机可能表现得更为强烈，也体现出体育消费动机具有多面性。体育消费动机分为三种：第一，身心健康动机；第二，社交娱乐动机；第三，攀比炫耀动机；第四，体育成就动机；第五，审美追求动机。

## 二、体育健身市场

20 世纪 60 年代初，美国等西方国家本着"体育也是表演"的原则，在当时的社会掀起了一阵关于体育运动是否能带动经济发展的争论热潮，诸如体育运动是应当独立发展还是与社会相接洽，体育运动是否能为社会带来一定的经济效益等，与运动有关的一系列问题也随之成为社会焦点。

随着社会媒体的发展，人们发现名人效应所带来的巨大商机，加体育运动成为一颗冉冉升起的新星，其中运动员在运动表演上所取得的社会关注度越来越高，相对应的知名度也越来越高，这为体育运动进入经济领域奠定了坚实的基础，暗藏了巨大的市场交换价值。

20世纪以来，体育运动越来越接近大众，体育除以其刺激性极强的场面影响每一个人外，让人参与的欲望也非常之大。所以体育从竞技到娱乐、从对抗到健身，使得体育在人们心中的概念发生了巨大的变化。由于体育竞技对人的体质要求甚高，每一个技术的出现都是精美绝伦，正是在极强的欣赏价值背后，才显示出体育的健与美。健康与体育特有的美对人们原有的体育概念和健康概念产生了巨大的冲击。这种冲击的结果，造就了今天的健身市场。

体育运动不但具有健康和教育功能，还有娱乐和消遣的功能。在现代生活的压力下，娱乐和消遣是日常生活中不能缺少的。它能缓解现代生活对人们的压力，也维持着人类心理和生理的平衡，体现着人类一种自然的心理趋向。随着人们对体育运动更深层的认识，健美操运动成为当时社会的潮流，也成为大多百姓日常生活必不可少的一部分，也推动形成了一个巨大的体育健身市场。

体育锻炼已成了有病患之人、有残障之身的保健手段，多少人常年坚持体育锻炼，不但解除疾患，而且获得全面的健康。相关研究结果表明：仅劳动生产率一项，经常参加体育运动的人与不参加体育运动的人相比提高6%～10%。所以说这是体育大众化的一个结果。

商人很快注意到，体育对人类的生活方式和价值观念有着巨大影响这一事实，并尝试着将商业手段和技术运用到体育之中。经过曲折的发展，经济开始向体育运动的市场渗透。体育运动从竞技场走进人们的生活，而这一走向对人类健康起到了促进作用。21世纪更是一个注重健康化的社会，人们对健康的投入主要以对健身的投入为主。

## （一）体育健身市场的内涵

市场的商品交换中，可以根据商品的特点和用途对市场进行划分。从这一点上来说，在体育时尚中，进行交换的产品主要是体育物质和服务产品。因此，可以这样说，体育健身市场就是将体育物质和服务产品以商品的形式提供给消费者的场所。

### 1. 体育市场的内涵

体育市场包含两层含义。

其一，体育市场是推广和销售运动员、运动品牌、理念、运动性表演和服务的市场，即竞赛表演市场。体育市场的产品形态和理念对民众的价值观和生活方式有着直接的影响，也影响着运动竞赛的赛场氛围。

其二，体育市场上对与民众生活息息相关的其他商业产品和服务予以推广和销售的市场，即体育健身市场。在这层含义中，其产品形态包括体育锻炼和训练的仪器设备、运动健身器材、运动消费品和其他生活用品等。体育产品在这一层次上被称为功能性产品。这类与民众生活息息相关的功能性产品，多是以满足运动需求等为设计基础的。这些功能性产品能够极大地满足每个家庭乃至个人的运动生理需求、安全需求和个性化成就的需求。从根本上说，功能性产品的核心作用仍是从生理和身体上满足人们的物质性要求。

**2. 体育健身娱乐市场的内涵**

体育健身市场包含三个含义。

其一，体育健身市场是消费品市场的一部分，包含商品、技术、信息、资金、劳动力和房地产市场。在消费资料市场中按消费品的实物形式来分，消费品市场可以划分为实物形式的消费品市场（包括衣、食、用消费）和非实物形式的消费品市场（包括文化、娱乐、旅游及交通服务消费）。体育健身市场既包含实物消费品市场又包含非实物消费品市场。

其二，体育健身市场是大文化市场的一部分。体育健身不仅丰富人们的文化生活，也培养人们的欣赏能力，还能提高人们的思想道德水平。因此全民健身运动也是社会主义精神文明的一项重要内容。

其三，体育健身市场既是消费品市场，又可以成为经营者市场。市场按购买者的任务和目的的不同，可以划分为消费者市场、生产者市场、经营者市场和政府市场。体育健身市场主要是提供满足个人消费服务需求的市场，其消费者就是购买者本人或其他家庭成员，因而具有消费者市场的性质。但各类消费资料又可以成为经营者买卖的对象。

## （二）体育市场的产业类型

**1. 健身娱乐业**

健身娱乐业分为两个方面：一是体育健身业，为了满足居民休闲娱乐的需要开展的各项体育活动；二是体育娱乐业，为了满足居民精神愉悦的需要开展的各项体育活动。

**2. 竞赛表演业**

竞赛表演业将竞技赛事、体育表演作为商品，以从中获取尽可能多的利润为目标。

### 3. 体育培训业

体育培训业包括两大方面：一是体育知识培训，可以使消费者更好地了解运动知识；二是体育运动技术培训，能更好地满足消费者的需要，也能提高运动的技术水平。

### 4. 其他体育产业

在体育产业中还有一些产业也和体育活动息息相关，并且服务着广大体育爱好者，但并没有划分到第三产业中，如体育用品业、体育建筑业等，它们虽然是体育产业的一部分，但并非体育的本体产业，只是体育关联产业。随着互联网的不断发展，数据分析行业自然而然地延伸到了体育行业，也不断涌出不少以数据分析为产品的公司，这些公司随着产业的发展也使中国体育事业蓬勃发展。

## 三、健美操与体育健身市场

### （一）健美操市场

健美操在体育健身市场中拥有良好的前景，其原因是健美操最先进入百姓健身市场，在百姓面前提到健身，健美操是人们脑海中的第一反应。第一，健美操不同于传统运动项目，健美操的界定范围比较广。健美操是一种具有"人为性"特点的运动，它根据不同人的需要而创造动作进行练习。第二，健美操是最为符合大众消费水平的一种运动形式。而且健美操的健身功能也吸引着一定人群，如减脂、改造体型、提高人的新陈代谢等。健美操这些特质的存在也加固了健美操市场的生命力。

### （二）健美操市场中的健身俱乐部

由于"体育源于生活"，健美操在整个健身市场的氛围中拥有三大市场特征，即服务性、情感性和合作性。健美操项目所形成的健身市场首先是一个提供生活化和人性化产品的服务市场。其产品中的服务成分成为丰富健美操项目自身的内容和提升娱乐产品价值的重要因素。纵观体育健身娱乐市场的发展，人们在生活方式上的选择，是对健美操项目产品和服务的选择。人们从健美操中所获得的不仅仅是有形有色、有光有彩的体育运动装备、体育场地器材和体育仪器设备，更重要的是运动的精彩和人际关系的和谐。人们往往通过健身俱乐部享受体育向人们所呈现的3P式的服务，即那种人对人的真情实意的服务。由于健身娱乐产品具有无形性、不可分割性和易逝性等特点，体育消费者对健身俱乐部和健身市场中的产品和服务往往提出了更高的要求。他们不仅要求健身产品和服务的质量，要求健身俱乐部的产品和服务的品牌效应和知名度，还要求健身俱乐部中的娱乐产品和服务的可消费性和亲切感。健身俱乐部和体育健身市场的服务性特征决定了其必须面向大众百姓提供可信赖的、可确定的、可辨认的、负责任的和个性化的产品和服务。健身俱乐部和体育健身市场不仅是以积极的价值观念和生活方式影响和交换公众情感的市场，还是与商业伙伴在共同利益的基础上合作发展的市场。

## 四、健美操的经营特征

一般来讲，健美操是健身俱乐部中的一个主要项目，凡有一定规模的健身场馆，健美操场地所占面积达总面积的50%，因而它的创收一般要占健身房收入的一半以上，仅此一点说明健美操在为大众服务的健身俱乐部中，是一项支柱项目。因此，怎样把握健美操在经营中的位置、怎样分析健身操的特点这对经营的成败有着重要的意义。

根据相关调查，青年女性目前是健身操的主流人群，中年女性占1/10，而老年女性几乎为零。男性人群参与量可以说是甚少，而坚持常年跳操者更是少之又少；开放时间是人们的业余时间，因此，在这一时间段中经营场所的容人量是一定的，这时的人群不可能无限度增加。参加人群一般都有特殊的目的，如为了健康、减肥、交友、休闲等，因此同一节课难以让所有人都满意。健美操在动态中进行服务，服务质量与教练员的情况联系较密切，每个时间段，教练起到的作用是相当大的，严格上讲，教练员这种教学实际上是一种服务，教练员的教学质量反映的是服务质量。

# 第二节 我国健美操的产业化发展现状

## 一、我国健美操产业化发展的前景

### （一）健康观念的变化与追求

随着人们不断刷新对健康的认识，更多人愿意为健康而"买单"，健康不但使人精力充沛还使人充满自信，健康也是人们通往成功之路的内在物质条件和精神基础，这就为体育市场的产生和发展创造了基础。在体育锻炼中，越来越多的人喜爱并选择健美操项目进行锻炼，健美操也成为体育产业中的重要组成部分。

随着生活水平的日益提高,人们对健美形体和健康体质有了一定的追求。在新的时代下,需要精心呵护健康的身体。良好的生活环境,积极乐观的心理素质,强健的体魄是时代的需要也是现代社会人类生存的基础。积极参加健美操锻炼是现代人生活中不可缺少的内容,能有效预防疾病、增强体质,对身体各项指标有着积极影响。

随着健美操的发展受到越来越多人的认识和喜爱,人们自发建立协会形式的组织,不断加入健美操锻炼中来,在一定程度上促进了健美操在人们日常生活中的普及和发展。健美操遍布我国大中型城市,各种以健美操为主要内容的健身节目的播出,为健美操的市场化发展创造了有利条件,使得健美操以独特的魅力作为一项新兴的体育运动在众多传统运动中脱颖而出。

## (二)市场需求不断扩大

短短几年间,健美操运动势头越来越猛,在全国兴起,独占健身体育项目的鳌头。健美操在众多项目中以自身的优势在全民健身中占据着重要地位。近年来,在各类健身房、体育馆、露天空地都能看到众多健美操爱好者随着音乐翩翩起舞,也体现出了健美操的广泛使用性,健美操的"人为性"及其特有的功能也是健美操蓬勃发展的重要元素之一。

随着经济的发展、生活水平的不断提高,人们的消费观念也在悄悄地发生变化,对体育锻炼的需求也发生了改变。那些内容枯燥,体力付出较大的体育项目逐渐被人遗忘,在这种大环境下,健美操开始被人熟知。健美操集健身、健美、健心于一体,具有感情色彩,能够充分展示自身能力,陶冶美感,符合全民健身的需要,因此参加健美操项目的人数逐年增长。

## (三)市场基础逐渐成熟

人们在快节奏的生活方式下对自身的身体素质有了更高的要求,广泛开展以健身性为目的的健美操能增强人民群众的体质。在激烈的市场竞争下群众自发性开展健美操活动,不但能提高我国综合国力,在推动我国精神文明建设方面也起到了一定作用。

职业体育要想获得足够的门票收入,就要将经济体育作为体育劳务商品被大众认同,并跟其他经济实体产生横向联系。这样不仅能让比赛通过广告、电视转播将社会效益转化成经济效益,也能实现自主经营和自我的生存、完善和发展。

大力发展第三产业逐渐成为市场主流,产业结构调整和升级是体育产品在市场上被购买和消费的重中之重。我国体育的产业化还不够完善,正处于起步阶段,为了从中更好地产生经济效益,我国制定了一定的运动机制,首先以足球、篮球、排球为首要的改革试点,这一机制的形成为健美操市场化创造了良好的条件。

## 二、我国健美操产业发展存在的问题

### (一)过于注重短期利益

对于我国来说,健美操产业还属于新兴产业,其市场仍处于培育期。因此,在这一发展时期,健美操应将发展的重点放在公益性和普及性上。同时,为了促进健美操的产业化发展和长期发展,还应该在一定程度上兼顾企业的经济利益。然而,目前我国的健美操在产业化发展的过程中,存在着过分重视眼前利益的问题。其主要表现为将经济利益摆在首位,为了追求经济利益,造成了健美操市场的混乱,健美操产品的种类、质量参差不齐,并且在健美操市场中出现了大量不符合我国国民体质特点的器材。

### (二)缺乏必要的市场监管

健美操市场之所以得到快速发展,离不开人民群众健身需求的不断增长。但是,在市场发展的同时,相应的市场监管还有待完善。一是在健美操的培训上,缺少公众普及的教材,在教练员方面,也缺少完善的职业认证体制,造成了健美操教练员队伍的参差不齐,一些无证的健美操教练员从事健美操培训工作,使健美操培训的教学质量受到严重的影响。二是在健美操的发展上缺乏必要的指导和规划,健美操运动的创新不足,国际化程度不高,导致了我国健美操运动水平的相对落后,这也限制了健美操的产业化发展。三是监管部分的职能划分存在问题,缺乏统一的监管范围与标准,且监管的标准还存在与健美操运动实际标准不同步的问题。体育部门的管理范围还没有向商品市场延伸,这导致了在执法上出现了一定的空白地带。

### (三)市场价格混乱

健美操市场的发展离不开各种健身俱乐部。然而,健身市场价格弹性比较高,没有形成严格的价格标准,导致消费者不能得到满意的服务。

### (四)健美操市场的经营层次较低

我国的健美操项目主要依靠健身俱乐部经营,从俱乐部的角度来说,其自身的能力水平还有待提高。我国目前的健身俱乐部大多还处于中低端水平,无论是在硬件上,还是在软件上都难以达到国际水平。在服务上,国内俱乐部的服务不仅项目较少，且质量不高，难以满足广大群众日益增长的健身需求。此外，群众的健身需求增长较快，而当前的健美操市场发展水平较慢，很难追赶上群众的健身需求。

### （五）产品质量不高

健美操的编排工作是非常烦琐的，既要在呈现形式上让人眼前一亮，也要有自己独特的格调。所以在健美操编排中对动作美、音乐美、编排美的协调有着一定要求。如果在编排中没有考虑到动作是不是符合锻炼者的身体素质和身心发展，则会导致锻炼者身体超负荷。所以在创编健美操时一定要通过大量音像图书资料的学习，掌握最新信息，了解发展方向，从而提升健美操的编排质量。

## 三、我国健美操产业发展的趋势

### （一）市场规范化

随着健美操运动的不断发展以及人们对于健身需求的不断增加，参与健美操运动的群众数量越来越多，态度也越来越积极，这也表明健美操市场有着广阔的空间和前景。巨大的市场潜力，必然吸引越来越多的企业、俱乐部、赛事进入健美操产业中。因此，在健美操产业化的发展过程中，必然会面临激烈的市场竞争。对于俱乐部来说，为了争夺市场，俱乐部会开展大量的健美操训练项目，在健美操产业化发展的过程中，健美操消费者的水平会不断提升，从而要求俱乐部在训练水平、服务等方面不断完善，在这一过程中，有助于实现对健美操产业和俱乐部市场的整合。对于赛事来说，健美操的产业化发展，会推动各级别的健美操赛事的举办，从而引导更多的群众参与到健美操运动中，以赛事推动健美操事业的发展。对于相关企业来说，市场竞争也会带来企业以及品牌的整合，低端的企业和产品将会逐渐被市场淘汰，专业化的、技术实力强的企业和产品将会在市场竞争中胜出，促进企业向健美操产业链的顶端发展，并在市场竞争中塑造出知名品牌。

随着人们对健康认识的不断提高，人们更愿意为健康消费，这是健身房不断增多的最直接的原因。健身房为客人提供服务的质量，不但关系到消费者的健身质量，也关系到经营者的经济利益，甚至影响了健身市场的兴衰。总而言之，健身房经营好与坏都是通过服务体现的，健身房高质量的服务也成为推动健身俱乐部发展的重要因素。

## （二）形式多样化

日常生活中健美操分为多种形式，并针对不同年龄层次、不同性别、身体状况、健康水平和所实现的目的不同，形成多样化的练习形式。例如，老年人多以老年健美操为主，年轻人中男生多以器械类健美操为主，女生喜欢瑜伽健美操、拉丁健美操等。健美操要想在最大程度上适应市场发展，就要寻求自身发展，满足不同人的需求。

随着人们对健身需求的逐渐个性化，私人教练成为当代健身形式的潮流，占据健身市场的一大部分。由于国外经验的引进，我国出现了更多新的健美操练习形式，不仅适合更多中国人，而且吸引着很多外国人。最新资料显示，单纯高冲击力练习由于易引发关节损伤已经逐渐被集体力量训练、身体综合训练这些新型的运动方式取代。但传统的有氧健身操仍是世界各国健身中心的常规项目。

## （三）项目科学化

首先，只有保证健身性健美操科学化，才能达到有效的锻炼身体的目的。只有为不同人群制定更有效科学的运动方法，才能达到最佳效果，反之不科学的练习方法不但达不到锻炼的效果，还会对身体造成一定损伤。

其次，随着科学化健美操运动的发展，人们在选择健身项目时更为慎重。人们也不再满足传统的锻炼形式，而是寻求更加适合自身的健身方法。目前一些健美操从业人士已经意识到，只有不断提高健美操科学化发展，才能使健美操在运动项目中得到更好的发展，因此他们也不断探索健美操科学化的方法。

最后，随着网络技术的发展，运用国际互联网，可以让我们轻松获得各种信息，这也推动了健美操运动科学化的进程。

# 第三节 我国健美操产业化发展的影响因素

## 一、有利因素

### （一）市场需求因素

随着我国市场经济的不断发展，外部环境也对体育经营单位提出了通过体育市场表现体育消费的要求，具体来说，体育消费需求又表现为实物型和劳务型两种。实物型消费主要包括各类体育用品、器材、健美操服饰、纪念品等，这些物品已经逐渐深入广大群众的生活之中。在大众服务需求方面，健美操竞技赛事能够为观众提供高水平的表演,能够满足消费者的观赏需求,各种形式的大众健美操活动能够吸引广大群众参与其中,满足群众对于健康的追求。随着我国对体育事业的重视,我国一系列大型国际体育赛事的举办吸引着国际市场并不断向国际开放,不仅吸引着大量的国际开发商,不少国内的经营者也被我国体育市场的巨大潜力吸引。在这一背景之下,健美操的产业化发展必然会迎来难得的机遇,同时,其产业化发展也必然会面临着不少的挑战。

### (二)竞争因素

竞争因素主要指的是与体育经营单位平行存在的或相互替代的外部环境因素。随着我国经济发展水平的提高和社会开放程度的提高,不少国外的运动项目在国内获得了广泛的传播,并培育了大量的受众。国外的篮球、足球等传统项目,在我国有着大量的电视观众。而一些新型的街头运动也对年轻人表现出了极大的吸引力。与这些项目相比,健美操虽然在竞技性、对抗性上有所不足,但是其高难的动作,能够充分展现人类的形体美。因此,对于健美操的产业化发展来说,必须抓住这一优势,进行广泛的宣传,特别是要通过视频的方式,对这一优势进行直观的展示。我国具有悠久的体操传统,健美操运动也有着广泛的群众基础。而新兴的街头运动,吸引的主要是部分青年群体,而他们被街头运动吸引主要也是为了获得视觉性的享受。健美操运动除了能够满足人们的视觉需求外,还具有健身、娱乐、心理保健等多种作用。此外,健美操运动还是一项老少皆宜的运动,这也使其能够在社会上被广泛接受。为了满足不同年龄段的运动者的需求,健美操项目也发展出不同的类型,如少儿健美操、青年健美操、老年健美操等。

### (三)时间因素

对于现代人来说,时间是其参与体育活动,进行体育消费的重要因素。而健美操项目自身在活动时间上具有一定的优势。此外,健美操项目也不受场地等因素的限制,无论在室内或是室外都可以进行健美操活动。这也为现代人选择健美操作为健身项目,展现出了一定的优势。

### (四)运动员形象因素

在我国的大学中,有着不少高水平的运动队伍,因此,其中的运动员既具有一定的文化素质,也具有较高的竞技水平。对于健美操项目来说,大学能够培养出高素质的健美操运动员。一方面,通过媒体宣传与形象塑造,不仅能够打造良好的健美操运动员形象,对于健美操项目的形象塑造也具有积极的作用。另一方面,在经过大学学习和生活后,这些健美操运动员在毕业后会进入不同的社会层次，其在社会上也具有较大的号召力，从而为健美操项目培养一定的潜在消费者。

## 二、不利因素

### （一）体育产业产出能力因素

所谓体育产出能力，指的是整个体育产业生产出的所有产品的产量与质量。从表面上来说，我国体育产业的竞赛表演业已经有足球、篮球、排球等项目，但是其都存在一定的问题。国外的高水平赛事，对我国的体育项目形成了一定的冲击，从而分流了部分的观众和消费，而健美操正是处于这样的环境之中。此外，对于我国来说，也缺乏可供借鉴的体育产业模式，因此，对于健美操的产业化发展来说，既需要不断地进行摸索，还要与其他处于优势的项目进行竞争。因此，对于健美操的产业化来说，还面临着不少的困难。

### （二）资金因素

我国健美操在产业化发展过程中，亟须解决的一个重要问题就是资金问题。这一问题是由我国体育产业还有待向市场化转变造成的。例如，我国有的健美操赛事，主办方除了企业赞助之外没有其他收入，这就造成了其过度依赖赞助、经费来源不稳定等问题。因此，对于主办方来说，在企业赞助的基础上，还应开拓多种渠道获得收入，如加强媒体宣传、提高门票收入、进行品牌建设等。这样一来，就能够使主办方获得更多的收入，解决健美操产业发展的资金问题。

### （三）版权因素

在健美操运动中，还涉及动作编排、音乐制作、表演等因素，这也是健美操项目相较于其他项目所具有的优势之一。利用这部分内容，健美操产业可以制作相关的书籍、音像制品等，这也是健美操产业的经济收入之一。但是由于我国的版权市场还有待发展完善，因此这部分的收益也会受到盗版等因素的影响。而为了防止盗版，企业则需要采取各种措施，这就使得其成本增加，从而影响其经济收益。

### （四）人才因素

目前健美操市场中教练水平参差不齐，甚至有的教练没有执教资格证，健身教练或教师是健美操的传播者，教练的授课水平和传授动作技术的正确与否，不但决定是否有健美操的属性，还直接影响锻炼者的健身效果。

# 第四节　我国健美操产业化发展的途径与对策

## 一、提高健美操的社会影响力

不断提高健美操的社会影响力是健美操产业发展的首要任务，只有影响力得到提高，才能够吸引更多的群众参与到健美操运动中。作为一项体育运动，要提高健美操运动的社会影响力，一个重要的途径就是推动健美操项目进入奥运会。这是因为奥运会作为全球最大型的体育赛事，在全球范围内都有着广泛的影响力，一旦健美操项目进入奥运会，自然会受到特别的关注。同时，健美操项目进入奥运会也能够使健美操运动在竞技性上得到提高。此外，成为奥运项目，还能够为健美操带来更多的社会投资，加快健美操在社会中的传播，为健美操的产业化发展开辟广阔的市场。

## 二、走国际化道路

健美操这一运动项目起源于国外，因此其在国际社会上也更具影响力。我国健美操不但要注重产业化发展，也要注重国际化的发展，第一，可以构建国内外健美操交流、学习的平台，不断获取国外健美操产业发展的先进信息、资料、经验，通过国际交流拓宽我国健美操产业的视野。第二，为了实现我国健美操产业与国际对接，需要不断提升我国健美操运动管理人员与市场从业人员的水平，不断学习和借鉴国际上关于健美操产业发展的先进经验。

## 三、完善健美操赛事

虽然健美操项目自身有着较强的健身价值，而且随着其近年来的不断发展，也获得了大量青年群体的支持，但是健美操在竞技性、对抗性方面的不足，对于其产业化的发展来说，仍然是亟须解决的问题。首先，从赛事角度来说，我国的健美操赛事较少，且赛程主要集中在4、5月份和7、8月份，其他时间均没有大型赛事。其次，即便是国内有影响力的健美操赛事，也缺乏有效的宣传，对于广大群众的影响力有限，难以充分发挥赛事的品牌价值，这也导致其商业化程度较低，不利于健美操的产业化发展。最后，在国内的主要赛事中，有获得健将级、国际健将极的运动员将直接晋级的条件，这样做虽然能够对运动员起到一定的保护作用，但是这也在一定程度上降低了比赛的观赏性，对于观众来说，也难以欣赏到高水平的表演，自然不利于健美操的产业发展。

## 四、充分开发附加价值

目前，我国健美操产业的经济价值主要来自健美操项目的主体产业部分，即主要通过官方或俱乐部举办的各类健美操竞技赛事或表演活动以及健美操培训获得经济收入，对于健美操项目附加价值的开发还有所不足。对于健美操项目附加价值的开发主要包括服装、器械等周边产品的开发，高端培训项目的开发，相关科研产品的开发等。

## 五、处理好短期与长期的关系

虽然我国的健美操产业取得了一定的发展，产业化程度有所提高，也不断有新的企业进入健美操市场。但是，要实现我国健美操市场的进一步发展壮大，就必须处理好短期与长期的关系。因此，对于健美操的产业化发展来说，应做到以下几点。一是国家要明确区分健美操运动的公益性比赛和盈利性活动，对于健美操运动的权威比赛，国家必须要牢牢把握举办权，不断提高健美操运动重要赛事的质量和水平，从而在国家的角度上，充分引领健美操事业的健康发展。二是地方政府不仅要加大健美操公益活动的投入力度，还要加强健美操活动场所的建设。只有这样才能够为健美操运动的普及培育广泛的群众基础。三是健身俱乐部应充分发挥带动作用，吸引广大群众参与健美操活动，不断扩大健美操产业化的规模。四是相关企业应充分满足健美操市场的各种需求，在满足群众参与健美操活动的需要，促进健美操产业发展的同时，对健美操产业的发展进行规范。

## 六、利用网络开发健美操产业

随着互联网的不断发展，网络越来越深入人们的生产和生活，网络营销的手段和模式也越来越多样。而健美操运动，本身又具有训练难度低、场地限制小等方面的特点。因此，将健美操与互联网相结合，利用网络对健美操进行营销，能够使健美操的产业化发展获得更大的发展空间。第一，利用网络这个大环境对健美操进行普及和宣传，让更多的人参与到健美操运动中来。第二，健美操企业可以利用网络开展宣传、营销等活动，在网络上吸引健美操项目的消费者，将网络作为企业发展和营销的重要渠道，促进健美操企业在产品、营销等方面的创新。在网络上开展各类健美操活动，实现健美操的互动性，不但能更好地普及健美操项目，还能提升健美操项目的商业价值。

# 第七章 健美操产业化发展的商业俱乐部建设

商业俱乐部是健美操产业发展的主要形式，其通过为消费者提供各种健身服务获取利润。健身俱乐部的开发，是健美操产业化发展的一个重要方向。本章即对健美操产业中的健身俱乐部的几个方面进行简要分析与研究。

## 第一节 健身俱乐部的建设

### 一、俱乐部的概述

#### （一）俱乐部的相关定义

俱乐部的职业范围比较广泛，其所富含的内容也是极其丰富的。因此，我们对俱乐部进行了广义与狭义两种定义。

**1. 狭义俱乐部定义**

一般情况下，狭义俱乐部指具有相同兴趣爱好、收入水平相当、居住地较为临近的人，自发性组织起来的，抑或是自愿加入的，成本归集体所有。规模较小，具有一定程度上的私密性，不会大肆对外进行曝光宣传，是以非营利为目的的会员组织。

**2. 广义俱乐部定义**

从广义角度来看，俱乐部是拥有其自身性质的，主要以会员制为主体，进行营利或非营利的组织。

由此可知，俱乐部通常由一些人聚集在一起，参加特定的活动，也可以是为群体性付费会员进行服务的具有商业性的组织。

#### （二）俱乐部的内涵

**1. 俱乐部的会员属性**

①成就感。健身俱乐部与普通健身机构有区别的地方在于，不是交款就可以直接成为会员。就部分俱乐部来讲，成为会员不仅仅是成为其中一分子，或

是一个消费者，它代表的是一种象征，是具有标志性意义的。

②归属感。俱乐部的形式更像是一个大家庭，大家因共同的兴趣爱好以及价值观等聚集到了一起，会员在这里可以找到知己进行倾诉或是开展一些活动等。

### 2. 俱乐部的本身属性

①排他性。俱乐部中所呈现的排他性主要是将会员与非会员隔离开来，以区分非会员与会员的不同。它是俱乐部所特有的重要属性之一。

②非竞争性。一般情况下俱乐部产品在消费上是具有非竞争性的。简单来说，某位俱乐部会员在对其产品进行消费的同时，不会对其他会员产生影响。

众所周知，体育俱乐部是向社会公众提供休闲以及健身服务的体育企业。营利性体育俱乐部，顾名思义是以营利为目的体育企业。但不管是哪种形式的健身俱乐部，其都要以获取利润为前提，不然就会面临倒闭问题。作为营利性俱乐部，要考虑市场规律，根据不同人群的爱好、收入以及价值观进行分层，进而提供不同等级的服务，只有这样才会达到营利目的。

营利性体育俱乐部和一般企业有着明显的不同，营利性体育俱乐部提供的是无形的服务。而一般企业提供的产品则是看得见、摸得着的物品。

营利性体育俱乐部的组织形式与一般的社团、公益型俱乐部的组织形式有着显著不同，它的组织形式是企业。企业的经营管理方式以市场为导向，主要是为了在市场上生存和发展。

## 二、健身俱乐部的种类

### （一）综合经营型健身房

综合经营型健身房是集健身、健美、餐饮、娱乐、洗浴等多种服务项目为一体来吸引顾客消费的形式。

### （二）主次兼营型健身房

主次兼营型健身房以运动服装、健身运动饮料、运动餐饮和健美图书音像等服务为兼备项目，以经营健美运动为主要项目。

### （三）单一经营型健身房

单一经营型健身房是一种广泛的大众化健身房形式。单一指的是只经营一种健美运动项目。这种健身房的经营优点是投入资金以及设备相对来说较少，其整体结构较为简单，管理起来比较容易。

## 三、健身项目的种类

### （一）运动健体项目

运动健体项目是凭借特定的健身器材和设施，通过适度的运动量来达到强身健体，美化体形、体态，放松身心，恢复体力与精力目的的运动项目。运动健体项目往往集走步、跑步、骑车、体操和举重等活动于一体，不同的项目可以达到不同的健美效果。运动健体项目根据运动方式和目的可分为以下两大类。

**1. 有氧代谢心肺系统耐力锻炼项目**

（1）健身操（有氧操）运动

健身操（有氧操）运动是一类典型的有氧代谢运动项目。这类运动通过韵律操、健美操、健身体操、迪斯科舞蹈等形式，来达到改善心血管系统和呼吸系统的功能、增强体质、祛脂减肥、排除毒素、健美体型体态的目的。

（2）跳绳运动

跳绳运动是一项非常有效、简单、实用的有氧代谢运动项目，能提高心血管系统和呼吸系统的耐力锻炼水平，还能锻炼和提高协调性和灵敏性。

（3）跑、踏步类运动

跑、踏步类运动是通过使用踏板、踏步机、健步机、椭圆运动机、跑步机、登山机等运动器械，达到改善心血管和呼吸系统的功能、增强体质、健美体型体态目的的运动。健美锻炼者使用相应的运动器材设备，可以原地踏步、行步、快速短跑或长跑，甚至可以进行马拉松式和登山式的跑步。这类器材的跑、踏板非常灵敏，锻炼者可以自己掌握运动节奏的快慢和锻炼的强度和方式。当跑步者感觉需要停下来时，只要用手按一下扶手或按钮，跑踏板就可以自动急刹车，避免发生危险。进行这类健美运动的器械往往配有热量消耗显示和心率监测装置。这类运动项目根据健美锻炼者的要求和器材设备的类型可以分为踏步运动、走步运动、登山运动和跑步运动等。

（4）骑车运动

骑车运动是通过模拟骑自行车上下坡和平地运行来达到健美目的的运动。这种自行车有电脑显示器，可以准确地记录骑车的时间、距离、速度、地势以及运动员心跳的速度和能量的消耗量。锻炼者还可以根据需要自动调节地势和车速。

（5）骑马运动

骑马运动又叫骑马机运动。这种运动是健美锻炼者坐在类似于"马"的运动器材上，通过模拟骑马来达到健美目的的运动。这种骑马机有电脑显示器，其可以准确地记录骑马的时间、距离、速度以及锻炼者心跳的速度和能量的消耗量。锻炼者还可以根据需要自动调节骑马的姿势和骑马的难度。

（6）划船运动

划船运动是通过进行模拟划船动作来健体的运动。在这种运动中，健美锻炼者如同坐在一条长凳上，运动时，脚的蹬动和手的拉力等感受与划船的动作姿势一样，它对增强心肺功能与强健手臂与腰背部肌群效果最佳。

健身房的踏步、跑步、骑车、骑马、划船等运动健体项目不同于日常生活中一般的概念和形式，这种运动健体项目可以使锻炼者准确地设定运动强度。在进行运动时，上下肢与躯干同时协调运动，可以使身体75%以上的肌肉群得到锻炼。所以锻炼强度和效果是一般的骑车、划船等活动无法比拟的。进行这种运动时，其空间范围是有限的，位置是固定的，因此，可以一边看电视和听音乐，一边进行锻炼，其是健身房集健美、健心和娱乐为一体的最佳运动项目。

总之，有氧代谢的健美项目，既可以完善人体心肺功能，又可以锻炼人体各部位的肌肉群，还可以增强人的神经系统的敏捷性和协调性。

**2. 无氧代谢肌肉力量锻炼项目**

无氧代谢肌肉力量锻炼项目是任何标准健身房都不可缺少的运动项目，与有氧代谢心肺系统耐力锻炼项目互相配合。无氧代谢肌肉力量锻炼项目大致包括以下两类运动。

（1）举重运动

举重运动可改变重量级，只需将举重架上的铁块插销插入举重者所需要的重量处即可。这种运动是一种锻炼全身肌力的力量型运动，又是极为方便的运动项目。

（2）健美运动

健美运动是用杠铃、哑铃、拉力器，或在单功能或多功能组合健身器材上完成多种力量动作的健体运动项目。

这种运动所用的健身器材使用非常简便，既有锻炼身体某一部位的，也有综合锻炼身体各个部位的，并且具有多功能组合型和占地小的特点。无论是有氧代谢锻炼，还是无氧代谢锻炼，都可以在健身房内实现。随着人们需求的不断增加和科学技术的迅速发展，各种各样新款、先进、精美的健身器材设备将会不断产生，运动健体项目将会更加完美，成为现代大众体育不可分割的一部分。

## （二）康体休闲项目

康体休闲项目主要通过环境设施作用于人的身体，加之服务人员提供相关的服务，从而达到放松身心、恢复体力、振作精神、焕发活力的目的。

康体休闲项目按项目形式和目的可分为以下两大类。

### 1. 桑拿浴

桑拿浴是一种蒸汽浴，它是在气温为 45～100° 的空房间里进行蒸汽沐浴的一种康体休闲项目。蒸汽浴室分为干、湿两种。

（1）干蒸汽浴

干蒸汽浴的特点是室内温度较高，代谢身体水分效果较为明显，整个过程需要坐着完成，不宜站立。

（2）湿蒸汽浴

湿蒸汽浴的特点是可以人工操控，当室内温度与湿度较高时，有较好的代谢体内水分油脂的效果，整个过程需要在散热器上进行人工加水，使沐浴者仿佛置身于热带雨林般心情舒畅。

无论是干桑拿浴室，还是湿桑拿浴室，沐浴者在这种享受之中都要出一身汗，能起到祛脂减肥、健身、健美、靓丽肌肤、恢复体力、缓和情绪、振奋精神和保持清洁等作用。

### 2. 按摩

按摩就是通过专业按摩人员的手法或特定器械设备，作用于人体体表的特定部位以调节肌体的生理状况，从而起到消除疲劳、恢复体力、振奋精神并达到一定的治疗效果的康体休闲项目。

这里所说的按摩不完全是"医疗按摩"范围的按摩，而是以休闲康体为目的的按摩，即人们常说的"保健按摩"。现代健美项目中的按摩项目，越来越多地使用更加先进的高科技器材设备以达到更好的按摩效果。所以，按摩又可以分为人工按摩和器材设备按摩两种形式。

（1）人工按摩

人工按摩是受过专业训练的按摩人员运用各种手法技巧，作用于人体体表的特定部位，从而达到放松肌肉、促进血液循环的目的的按摩方法。

（2）器材设备按摩

器材设备按摩是通过专门器材设备产生振动效果作用于人体，达到按摩效果的按摩方法。根据器材设备和振动方式的不同又可分为以下两种。

①热能震荡按摩是融合"震荡按摩"和"热能疗法"两种功能而形成的按

摩方法。人们可以根据自己的需要，选择适合自己需要的程序做个别放松按摩。它可以促进血液循环、快速消除疲劳，对治疗头痛、风湿、精神紧张、失眠及肌肉疼痛等病症有很好的效果。

②水力按摩是指被按摩者身体潜入具有制造气泡和冲力作用装置的水池中，使气泡与冲力作用于人体，达到按摩效果的一种方法。水力按摩根据设备特点和按摩效果又可以分为瀑布浴、游泳练习水力按摩、缓步练习水力按摩、冲浪浴和按摩浴等水力按摩项目。

无论是热能震荡，还是水力按摩，它们不仅都起到了人工按摩的作用，还借助热能、水力等物理作用，具有多功能的效果，是人工按摩所无法代替的。对于健身房的经营者来说，康体休闲项目运用器材设备还有便于管理的优点。

## 四、健身俱乐部的投资特点

### （一）初期投入资金较多

健身俱乐部初期投入资金较多，以前期投入的固定成本为参照物，与经营成本相比所占的比例较大。健身俱乐部所需要的场地面积较大，这就意味着其场地租金价格不菲。健身俱乐部还需配置一些音响设备、镜子、把杆、空调、通风设施、消防安全设备等，这都需要较大的资金投入。

### （二）投入资金收益较慢

健身俱乐部初期投入资金较多，但回报的速度并不理想，它是一种一次性投资、滚动受益的方式。需要花大量时间去招收一定的健身会员，而且需要随着健身者对器材设施的使用，从而将固定成本折旧，最终完成投入资本价值的转移与实现，这是一个相当漫长的过程。

### （三）完成交易周期较长

所谓的健身效果，是需要经过长时间有规律地对肌体的刺激才可获取的，体育健身消费不是一次消费就可以达到期望的健身效果，因此，在对健身俱乐部会员进行收费时，基本采用办卡的形式，所谓的办卡形式，主要是指会员进行一次性缴费，将费用充值到卡上，每进行一次健身都需要划卡消费，然后通过长时间享用，换取所支付货币预想的效果。

### （四）价格相对稳定

健身俱乐部的价格相对比较活跃，它可以根据整个市场的经济形式以及居民的收入状况进行价格的调整,也可根据竞争对手的变化对其相应产品进行适当的调整。但这里所说的价格调整不可太过频繁,不然会造成老客户产生受欺骗的感觉,致使健身俱乐部良好的信誉形象被破坏,造成固定客户的流失。因此,健身俱乐部对于价格的调整要适度,且一旦进行调整,需维持较长时间,这是根据健身俱乐部健身消费的一次付费多次消费的特点而定的。

### (五)营销对象具有地域性

随着社会经济的飞速发展,人们的工作压力也随之增加,休闲时间逐渐减少,为此,人们为了节省时间,常常会选择离家较近的健身俱乐部进行健身运动。这就导致了健身俱乐部具有地域局限性的特点。在进行健身俱乐部地点选择时,一定要注意其周边环境,其交通是否便利、周边的娱乐设施是否健全、所处位置的居民消费水平是否较高、是否能承担起健身费用等。

## 第二节 健身俱乐部的经营开发

### 一、国内健身俱乐部的发展趋势

#### (一)连锁化经营趋势

我国的健身企业普遍呈现"小、散、乱、差"的局面,随着多元化投资主体的形成和大众体育健身消费的不断活跃,这种局面将会有很大改观。目前,北京市体育健身市场已经涌现了许多面积在3000平方米以上的明星企业,并逐渐趋向集团化连锁经营。全国连锁的大型体育健身企业的出现将会促进一元化经营向多元化经营的转变,促使体育健身与其他行业融合,促进产品和营销的不断创新。

#### (二)核心竞争力趋势

我国现在面临的问题是如何将体育健身巨大的消费潜力转化为实际的消费需求。第一,健身企业要引导广大消费者消费。这就需要企业在搞活服务营销方面拓展新思路和开展大量的创造性工作。健身企业对自身服务产品的调整必须依据市场需求的变化而变化。第二,健身企业要创造消费者需求。健身企业之间的竞争愈演愈烈,不仅仅是在经营的内容、方式等方面,营销理念、手段以及服务品牌慢慢地在企业竞争中占据主要地位。

### (三)档次差距趋势

由于我国社会的二元结构暂时不会有大的变化,导致收入、消费和分配机构之间的差距不断拉大,大众在健身消费中的需求随着健身服务项目在消费场所的设备、环境和服务人员的专业技术水准的等方面的差距,逐渐产生不同的消费档次。为此,健身市场为了适应消费者的需求,不断完善服务项目,进一步细分消费,不断拉大档次。例如,一些健身俱乐部户外体验式培训教练和健身市场的私人教练等新兴职业。

### (四)多元化趋势

健身爱好者数量和健身需求的持续增加,充分带动了供给的增长,逐渐形成了市场多元化投资的局面。

体育健身市场的进一步扩张充分带动了民营资本的投资,通过对我国部分省市体育产业的调查研究发现,全民健身消费的进一步活跃,促使民营资本将大量进入体育健身市场。

健身已然成为体育产业中最具增长潜力的市场,越来越多的非体育企业在发展自身的同时,积极主动地将非体育企业纳入多元化经营战略中来,给非体育企业多元化经营带来了新增投入。特别是发达地区大力推行"退二进三"战略,使得一大批传统产业中的企业开始进军健身市场。由于新增的非体育企业依靠集团公司,拥有大规模投资的实力和十分严格的管理规范,不仅仅大大地增加了健身企业的数量,更是从整体上提高了健身企业的质量。

随着我国经济的飞速发展,我国的健身企业渐渐与国外大型健身企业接轨,给国内健身企业在中、高档市场带来巨大的机遇和挑战。中、高档市场主要是为社会新兴的高消费顾客群体服务的健身市场,如一对一化健身服务项目等。国外健身俱乐部进入国内中、高档健身市场必然会面临激烈的竞争,有竞争才会有发展,企业的优胜劣汰促使我国健身业质量的提高,使人们能享受更高质量的服务,充分地带动了全民健身消费的进一步繁荣和发展。

## 二、如何提高经营和开发能力

一个企业的经营与开发是关系到企业如何保持正常的经营状态和扩展市场的关键问题。当前随着国内市场的变化,随着信息时代的到来和知识经济的出现,人们常规的经营和开发市场的做法很难顺应这种潮流。因此,如何提高经营和开发能力是十分重要的问题。

## （一）经营者应具备的素质

### 1. 丰富的知识结构

面对现在知识爆炸的信息社会，显然单一的知识结构很难应付一个复杂的商业局面。因而要求我们丰富知识结构，拓宽知识面。丰富知识结构、拓宽知识面的目的就是改变自己的知识背景，这种改变会在你的经营开发中受益于知识上的支持，如何改变自己的知识背景，首先要尽可能充实专业知识，其次，是对健身相关知识的了解和运用。这也是不可缺少的。所谓的辅助知识指的是除去直接健身以外的知识，比如，舞蹈服饰、音乐风格、运动心理学等专业知识。此外，还要具有与经营管理方面相关联的知识，如社会学、医学、经济学等。知识决定着一个企业的价值，健身房也是企业，因此，企业的独特成就越来越多地建立在经营者及其工作部门所拥有社会、文化、心理学、营销学、医学等相关的知识的基础之上。

### 2. 技术力量

不论什么行业，技术是支持行业行为的关键。就健身操而言的技术，它可以不去获得什么比赛名次，但在所拥有的服务人群中不能没有自己的特色，如难度不大但很美的技术动作、强度不高但很舒适的技术动作等。另外在不违背健美操的基本创编原则下，还可引进相关项目中的一些技术运动，如舞蹈（民间舞、芭蕾舞）、瑜伽、现代街舞、搏击健身等。这样可以吸引更多健身消费者的眼球，使其对此产生浓厚的兴趣，还会使更多的人群加入这一行列。

### 3. 实用的科技服务

众所周知，发展科技是国策，也是企业强盛之本。而健身也绝不例外，所谓健身引入科技绝不是什么高深的学术科技，而是一种以服务为本的科技。它的结果是让更多的人正确理解健身的意义、作用等。

科技服务应包括涉及健身运动的科技知识的讲解、展示、咨询；涉及健身科研内容的设计，如体质测定、体能评价、体质变化的跟踪，对个人特殊要求的专门服务等。

## （二）健美操在健身业中的开发特点

从健美操自身特点上看，从健美操参与人群上看，从健美操所涉及的相关事物上看，健美操具有联动性的市场开发特征。这种开发还会进一步推动健美操的发展。当社会上参与健美操的人数达到一定数量，也是健美操相关的产业迅速扩展之时。因此，健美操运动可形成一个独立的产业。

### 1. 健美操文化特征的开发

健美操与以民俗民情为背景的食文化、茶文化、酒文化、服饰服装文化……一样，也是一种文化。除了专业体育特征之外，它的背景是人体科学，同时还涉及心理学、行为学和医学等多方面的文化，因而健美操可以构成独特的健美操文化。要对健美操特有文化的内涵进行发掘，主要包括体育健身文化、人体美学文化、流行（音乐、服装）消费文化等，其主要目的是开发健美操市场，让更多的人认识健美操和参与健美操。对文化特征的开发将会使健身房的经济效益显著提高。

### 2. 健美操市场特征的开发

健美操是与多种市场消费结合在一起的，人们去健身俱乐部需要服装、装备；在健身过程中需要饮水；健身以后需要洗澡等，都将成为一个个需求，有需求就会有市场，有市场就可以开发。俱乐部通过对健身俱乐部内部小市场的开发可以加深学员的亲切感和舒适感。

## 三、健身俱乐部的自身营销

### （一）健身俱乐部营销策划

广大的体育爱好者是促使健身俱乐部稳步发展的动力来源，市场营销的关键就是要研究如何迎合顾客的需求，为此需要深入地了解顾客的各种信息，制定适合的营销活动策划，并做出详细的盈利分析，开展一系列的营销活动，及时总结活动的经验。

#### 1. 市场调查

市场调查研究是确定客户需求的过程。一旦知道了客户的需求，就能应用这些客户信息来增加产品销售量。市场研究的过程包括数据信息的收集、处理、分析管理与运用，而且应该是一个持续不断的过程。科学的市场研究分为五个步骤：①确定问题；②分析状况；③制定收集数据的方案；④收集、整理及分析数据；⑤确定问题解决方案。

#### 2. 营销策划具体内容

一个战略性营销策划包括以下组成部分：
①公司使命：俱乐部为什么选择进行该活动、该活动的价值何在。
②商业目标：俱乐部期望通过该活动促进公司成长还是为了盈利。
③活动策划：俱乐部所销售的是什么服务、活动内容是什么。

④营销信息管理：俱乐部的直接竞争对手和间接竞争对手是谁；竞争对手正在做什么；公司的现存客户和潜在客户是谁；公司所销售产品的最大消费群在哪里；他们需要什么样的会员服务；如何使自己的客户保持对公司产品的忠诚。

⑤销售系统：如何把俱乐部的产品销售到客户的手中。

⑥价格：客户愿意为该活动付出多少钱；各个价位客户群的数量分别是多少。

⑦宣传促销策略：俱乐部如何使用广告、公共关系、人员促销以及营业推广等促销手段宣传企业形象；如何把所要传达的信息传达给客户或潜在客户；与信息的表达方式同等重要的是，公司将通过何种渠道把信息传递给客户。

⑧经济评价：预期俱乐部活动的销售收入为多少；产品销售收入中的预期费用是多少。

⑨预算：一项促销活动的开销是多少；一个网站的构建需要多少钱。

⑩风险管理：俱乐部在法律上应负有哪些责任；国家相关法律将对该活动的销售有何影响。

销售：俱乐部在活动中，销售会员卡的数量有多少；能够回收多少资金。

人力资源：整个计划的各个部分或环节应该由谁来负责。

内部交流系统：组织中各个部门之间如何进行沟通；营销部门如何进行整体的协调。

计划执行时机：一个计划从制定到开始着手实施之间的期限是多长。

3. 策划活动分析总结

①回顾与评价：如何能用更快、更好、更经济的方式完成任务；俱乐部需要在哪些阶段停下来重新评价销售计划的适宜性及计划完成情况；如何去发现和解决计划执行过程中出现的问题。

②总结：总结活动的全过程，将活动中出现的问题详细记录并总结对策。

## （二）健身俱乐部营销实施

西方发达国家的健身俱乐部市场相对来说已经成熟，主要采取会员制，为加入者在固定场所提供集中的健身器材、健身课程、健身指导，提供与之相关的设施、服务以及延伸服务（如会议商务中心、保健按摩、美容等），以帮助会员放松身心、缓解压力，有效达到健身目的。

### 1. 树立友善形象

注重真诚和温馨氛围的传递。在日常训练中，要对客户持有良好的态度，在宣传广告中，要注意树立友善形象，不张扬、不夸张，让大多数务实的健身人群更容易接近它，从而成为俱乐部会员。

### 2. 确定市场定位

近些年来，健身俱乐部成为人们日常生活中不可缺失的一部分，人们越来越重视养生，尤其是通过健身来进行养生，这就导致消费群体特别看中健身的实际效果，以及价格是否合理。面对这一问题，健身俱乐部必须将自己的市场进行合理定位。

大量吸引那些关注健身质量的顾客，以价格合理、服务优质的面貌使顾客在无形间明白会费昂贵和价格低廉的俱乐部之间的区别。适合大众的健身俱乐部不仅在价格上合理，对顾客的期望也同样做出了相应的努力。例如，企业文化和软件设施等。

市场环境千变万化，健身俱乐部也不能盲目地追求数量上的扩大，要根据市场环境的差异来选择市场和营销重点。

### 3. 开展网络营销

随着电子技术及因特网的迅速发展，越来越多的消费者选择网络营销的方式。如今，生活节奏紧张、工作压力巨大的人越来越多，对健身的需求也越来越强烈。互联网的普及和互联网特有的快捷、便利，使这部分人习惯选择从互联网上做出消费选择。所以，为满足这部分消费者的需求以及适应时代的发展，开通网站服务项目是俱乐部必然的选择。消费者通过提示可以迅速了解适合自己的俱乐部，而俱乐部也可以通过网络得到消费者的信息反馈，更加广泛地了解消费者的需求，及时地调整营销计划，更好地适应市场发展。

### 4. 完善咨询接待体系

消费者在选择俱乐部时，会想要先了解俱乐部的情况，从而考虑是否适合自己，接待者对俱乐部的基本信息以及场所的环境、设施和服务质量的介绍很大程度上决定了消费者的选择。所以，咨询接待体系对俱乐部至关重要。

### 5. 设计多样化产品

俱乐部可以根据消费者的不同需求，准备多种类型的会员卡。会员卡可以在等级上进行划分，如银卡、金卡、白金卡等，也可以在使用时间上进行划分，如月卡、季卡、年卡等，让消费者有尝试的机会，使更多的潜在消费者成为俱乐部会员。

# 第三节 健身俱乐部的管理

## 一、组织管理机构

### （一）组织机构

组织结构是否合理，对于公司的发展与生存起着至关重要的作用。健身俱乐部主要通过运用适当的管理方法和技术手段，将有限的资金以及信息资源转化为可出售的健身俱乐部产品。健身俱乐部的公司体系、面积、可设项目不同，其内部的组织结构可能也会有所不同。按照一定目的、任务和形式最终形成经营管理系统。

### （二）设置原则

虽然各个健身俱乐部在规模、类型以及市场定位和经营方式等方面有着不同，但它们在各项目组织机构的设置上有着一致的原则，主要表现在四个方面。一是组织形式必须适应经营需要的原则。健身俱乐部的组织形式要依据当时、当地的实际情况的需求来设置，不能盲目参照其他企业的机构形式，要符合自身发展需要，适合经营业务。二是机构设置必须有科学的原则。机构的设置需要对其功能和作用、工作量和任务内容进行明确、合理的划分。一个好的组织机构设置，要求把健身俱乐部运作所需要的所有工作分配给俱乐部所有成员，合理地将职责、工作内容和权限落实到每一职务上，做到既无空白又无重叠。权责不清将使工作发生重复或遗漏、推诿扯皮等现象。三是等级链和统一的原则。等级链是指从最高层管理到最底层管理形成的职权直线。统一是指健身俱乐部必须是一个统一的有机体。四是因才用人的原则。由于每个人的能力、知识、专业技能、兴趣爱好不同，因此我们应该倡导因才用人，即根据特长安排适合他的职位或工作，最大限度地发挥主管的能动性。

### （三）组织机构的设置方法

"直线—职能制"，主要分为业务部门和职能部门。业务部门是按照等级链的原则实行只有一个上级的直线指导。职能部门是以直线为基础，在各级之下设置的相应部门，它服务于业务部门。

## 二、人力资源管理

### （一）员工招聘工作

#### 1. 招聘工作是增补新员工的有效途径

健身俱乐部工作人员相对来说不太稳定，一般流动性较大，岗位空缺的情况时有发生。员工流动大的原因很多：在经营情况较好时，企业之间员工竞争激烈，竞相提高待遇以期招聘到有较强能力的员工；在经营情况明显不好时，员工待遇下降，很多员工抱怨，向往待遇高的企业；还有因俱乐部扩建改造等而造成岗位空缺的情况。因此，招聘工作是增补新员工的主要途径。

#### 2. 招聘工作是保证员工质量的重要手段

员工队伍应当保持稳定，但这种稳定是相对的；员工的适当流动也是合理的，适当的流动可以使员工队伍保持活跃，促进整体素质的提高，从而提高服务质量，提高经营业绩。招聘工作就是通过对应聘人员在德、能、勤、技等方面的考核，择优录取，让更符合岗位要求的员工从事相应的工作。这样，有利于优秀员工的流入和不良员工的流出，使员工队伍处于良性流动状态。

### （二）员工管理原则

#### 1. 能级能质对应原则

能级主要指根据管理对象的能量性质和大小进行使用和管理，最大限度地发挥管理对象的作用，有效地实现管理目标的准则。对不同的岗位职务规定相应的责任和权利，保持能级和能质之间的有机协调和动态对应，知人善任，最有效地使用各项要素。能质指的是才能的不同性质和要求。体育健身俱乐部要实施科学的管理，员工的岗位和职责不仅要按照能级的原则划分，还要注意分质调配，只有这样才能有效地发挥员工的聪明才智和能动作用。

#### 2. 群体结构优化原则

群体结构优化原则主要是指以提高群体的整体功能为目标，调配各类员工之间的配置关系，以及对群体要素和系统的组织、配合方式不合理或失调的地方进行优化调整。

#### 3. 优势定位原则

岗位分配前应充分了解员工的长处，做到知人善任，使员工在能够发挥自己优势的岗位上获得最大的员工效益。

#### 4. 信任爱护原则

管理者与员工之间应存在信任关系。员工信任管理者的决定并落实到工作中，管理者爱护员工，既要严格要求，又要宽容、关心，并通过有效措施为员工创造良好的发展环境。

## 三、服务质量管理

如今，人们的生活水平不断提高，加入健身俱乐部已经成为人们实现自己健康生活的途径，健身俱乐部的服务质量直接影响会员的招募。健身俱乐部的服务需要满足消费者的需求，并符合消费者的期望，服务内容主要包括健身房内环境卫生和基础设施的清洁和维护、服务效率以及服务人员态度等方面。积极调研顾客满意度和提高服务人员的专业技能，以及通过加强对服务人员的训练，以技术、教育及质量为导向挑选服务人员，增强员工的荣誉感，能更有效地提高健身俱乐部的服务质量，促进健身俱乐部的发展。

## 四、客户管理

会员卡已经逐渐趋于大众化，各行各业都在开展这种会员制的方式为自己累积相对稳定的顾客群体，通过一系列的利益活动来吸引消费者自愿加入。会员卡是会员进行消费时享有优惠政策和特殊待遇，用作识别身份、登记或结算的"身份证"。

### （一）会员制

#### 1. 享有低价优惠

成为健身俱乐部会员后，对俱乐部开展的各种活动都享有优先消费和价格优惠等方面的特权。因而会员制对消费者具有强大的吸引力，这也是健身俱乐部储备稳定客户的一种营销方式。

#### 2. 活动参与无限制

健身俱乐部每隔一段时间都会开展各式各样的活动，如根据新年、情人节、五一劳动节等节日开展的联谊活动或消费类优惠活动等，俱乐部多会为会员提供某些服务，以此提升消费者一种心理上的优越感，加大会员制对消费者的吸引力。

## （二）会员制对俱乐部的作用

### 1. 建立长期稳定的准消费者群

会员制、会员促销和普通的折扣促销有着本质的区别。会员制是有组织、有约束的，相比普通折扣促销的不确定性，会员制能更好地为健身俱乐部建立一个长期稳定的消费者群体。

### 2. 能培养会员俱乐部忠实的消费者

会员凭会员卡可在价格、服务等方面享受优惠，这些措施都有利于培养长期忠实的消费者，稳定客源。会员俱乐部的资格期一般为1年左右，期满后可以延续会员资格，同时也要再缴纳会费。新会员入会时，产品和服务以比较优惠的价格供给，待消费者具有固定的消费习惯后可视情况在价格上进行适当调整，但仍会给会员享受一定的好处，这样可以使会员成为忠实的消费者。

### 3. 获得可观的会费收入

会员俱乐部在消费者入会时，一般要收取相应的入会费用。会员俱乐部对会员实行消费价格优待后，还有利可图的主要原因就是有可观的会费收入。会费的收入往往比销售的纯利润还多。

## 五、财务计划管理

对于健身俱乐部财务部分来说，最应注意的是工作人员招募的支出部分、招聘会员奖励费用以及管理成本等，因此，健身俱乐部需要制订合理的财务计划。财务计划主要分为收支、资金调度和资金周转三项计划，其中收支计划最为重要，主要包括以下两方面。

①收入计划。收入计划指的是通过销售收入、其他收入的预测，设定经营目标金额。

②支出计划。支出计划指的是健身俱乐部一切的费用支出计划，如促销费用、采购费用以及人事费用等的支出计划。

## 六、健身设施管理

健身房的设施管理包括设施设备管理、配套设施管理、环境质量管理和卫生标准管理。

### （一）设施设备管理

①健身房设计合理，面积大小与健身房规模相适应。

②跑步机、脚踏车、划船机、台阶练习器、滑雪机等运动器材和设备，符合国际统一使用标准。

③健身器材安全耐用。

④室内照明充足、光线柔和。

### （二）配套设施管理

第一，健身俱乐部应根据自身规模和接待能力，设置与其配套的更衣室、卫生间、淋浴房和饮水处。根据消费者的需求，更衣室应配有带锁的更衣柜、衣架、鞋架、挂衣钩以及方便消费者换衣的椅子等。卫生间应配有坐便器、洗手台、镜子、卫生纸和洗手液等卫生设备。淋浴房应相互隔离，并配有喷头、浴帘、浴巾、沐浴液以及固定式吹风机等。饮水处应配有饮水机、纸杯等。第二，应根据健身俱乐部的各种健身项目配备相应的健身器材。

健身房内的墙面、地面应铺满瓷砖和大理石，并对有需要的地方做防滑处理。设施材料的选择和装修必须与健身房的健身设施设备相适应，并及时检查和维护，保证设施设备的完好率不低于98%。

### （三）环境质量管理

①健身房门面位置应设有客人须知、营业时间等标志标牌，接待大厅也应设有价目表和相关活动的标识标牌。

②健身房需要在适当的位置设置标志标牌。外观要求整洁大方、设计新颖；内容要求有中英文对照、字迹清楚。

③健身房内的健身器材摆放整齐有序。

④室内温度保持在 18 ~ 24 ℃，相对湿度为 50% ~ 60%。

⑤自然采光良好，灯光照明度均匀。

### （四）卫生标准管理

①健身房卫生每日打扫，随时清洁。健身器材无污迹、汗渍以及灰尘，要及时处理。要保持墙面壁饰的整洁美观，及时清理蜘蛛网、灰尘和污迹。

②健身房地面要随时打扫洁净，保证无废纸、杂物，不能留有卫生死角。健身房内所有用品及用具要摆放整洁、规范，不能杂乱无章。

## 第四节　俱乐部健美操的课程建设

## 一、课程内容

健美操作为一项体育项目深受大众喜爱，它是集健身、舞蹈、体操、音乐等于一体的有氧运动。

### （一）徒手健美操

徒手健美操是不带任何器械的健美操，是健美操中最简单的一种形式。徒手健美操的学习可分为以下三个阶段。

#### 1. 基本动作

基本动作是学习健美操的基础，主要目的是规范健美操动作以及培养学员对健美操动作的基本感觉。基本动作主要是指基本的动作、技术和步伐，教练应进行观察，严格要求动作规范，为后续的组合动作和成套动作打下坚实的基础。

健美操往往是伴着音乐节奏进行的，教练要在指导基本动作练习的同时加强学员乐感的培养，注意根据学员的水平以及本堂课基本动作的特点选择适当节奏的音乐，适应健美操技术课的要求。

#### 2. 组合动作

掌握健美操基础动作后，就对动作的规范以及要求有了一定的了解。组合动作由两节或两节以上的基本动作组合而成，对动作的连续性有一定的要求，增加了动作的难度，其是成套动作学习的基础。

#### 3. 成套动作

成套动作是多个组合动作搭配到一起的一套完整的健美操动作。由于动作繁多且复杂，其是健美操中难度最高的一个部分。成套动作的练习有助于提高全身协调能力。

### （二）器械健美操

健身房器械健美操是运用健身房内的器械和设备开展的健身课，这类健身课常用的器械有体操垫、踏板和哑铃等。

#### 1. 体操垫健身课

体操垫健身课程主要是用来锻炼背部和腹部肌肉力量，增强身体柔韧性的课程。体操垫健身课的主要动作有背肌练习、腹内外斜肌练习以及增强柔韧性的压腿和踢腿练习等。

### 2. 踏板健身课

踏板健身课的主要目的是加强下肢腿部的肌肉力量以及提高身体的协调性。运用踏板做动作的同时还需配合一定的手臂动作练习，踏板健身课的主要动作有上下板、踢腿、转体以及并步和分腿跳等。

### 3. 哑铃健身课

进行哑铃健身课前要选好合适的重量，过重容易受伤，过轻则达不到健身效果。哑铃健美操的主要动作有屈臂、举摆和环绕等，在做动作的同时还需要配合下肢步伐。长期坚持，可以修饰肌肉线条，增加肌肉耐力。

## 二、健身课程内容设计

健美操课程的内容可以设计为四个部分，分别是热身运动、基础练习、素质练习、整理放松。课程时间可以设为60分钟，其中热身运动占10分钟、基础练习占30分钟、素质练习占15分钟、整理放松占5分钟。不同的阶段安排不同的锻炼内容，进行全面的身体锻炼。

### （一）热身运动

可以采用健美操基本步伐或各个关节的活动作为热身部分的锻炼内容，如踏步、一字步、V字步、交叉步等基本步伐和身体各个部位的关节活动。可以单个动作重复练习并加上不同的手臂动作，也可以编成比较简单的小组合进行练习。简单易学，但要求重复次数多。热身运动的目的是提高身体温度，降低肌肉的黏滞性，充分活动身体各部位肌肉，防止运动损伤，使身体从相对静止的状态开始活动，加深呼吸，为进入基本部分做好充分的准备。

### （二）基础练习

基础练习是健身课程的主体。学员通过练习组合动作，提高自身的协调性和灵活性，能够在成套动作中更好地表现自我，达到健身目的。根据学员的能力水平安排动作练习，一般采取4~8个8拍不等的组合练习。每堂课都由教练按照自己的课前编排进行，保证学员通过努力在课上都会掌握至少一个组合动作，同时也要保证健身课的强度和基本负荷。

### （三）素质练习

素质练习主要是对力量和柔韧方面的练习，运用不同的练习方法，针对身体特殊部位进行专门力量和柔软的肌肉锻炼，能够减少肌肉纤维中的脂肪含量，使肌肉线条变得纤长、清晰并富有弹性。素质练习需要根据不同学员的实际情况合理地安排练习内容，避免强度过大引起学员的身体疲劳。

### （四）整理放松

结合节奏缓慢的音乐，利用拉伸和调整呼吸的练习，缓解学员经过剧烈运动后肌肉疲劳和痉挛的状态，使学员身心得到充分的放松。

## 三、特殊课程

目前国内外健身房健美操课程有根据健身房器械和设备的使用、健身操动作、特殊人群等来设置的。此种课程仍需按照学员实际能力和水平来划分课程等级。

①根据健身房器械和设备的使用来设置课程，如哑铃、皮筋、健身球、水中健身操等健身课程。

②根据健身操动作来设置课程，如普拉提操、搏击操、肌肉拉伸、爵士操等健身课程。

③根据特殊人群的需求来设置课程，如孕妇、产后恢复、儿童、老人等健身课程。

## 四、健身俱乐部健美操的特点

### （一）与音乐接轨

随着社会的发展，人们对体育的需求越来越广泛，健美操以其独特的魅力进入百姓的生活。健美操是一项以有氧运动为主的运动，对于提高人们的健康水平有着重要的意义。由于动作简单易学、节奏明快等特点，其受到了群众的喜爱，引起了群众的广泛参与。健美操与节奏明快的音乐伴奏相结合，使学员情绪振奋，同时达到健身和建心的目的。

### （二）具有动作的连续性

健美操是一种有氧运动，长期练习者对提高有氧耐力、健康水平和减肥具有良好的效果，其深受女性消费者的喜爱。俱乐部的健美操从练习部分开始，严格按照动作顺序连续不间断地进行练习，具有较强的连续性。

### （三）内容丰富新颖

健美操的类型丰富，多种多样，如徒手健美操、器械健美操、武术健美操等。且健美操动作繁多,所以课容量大,有助于学员兴趣的提高。健美操作为一种非周期性的运动项目,因其动作简单易学,没有年龄、性别等限制,既有趣味性又有实效性而受到广大消费者的喜爱。

### (四)有助于体力和智力活动的结合

健美操结合了音乐的节奏性和舞蹈动作的多变性特征,要求学员不仅要及时理解和记忆动作,还要掌握音乐的节奏,进而不断提高学员的机体活动能力,改善大脑的血液和营养供应,使体力和智力活动相结合。

# 第八章 健美操产业人才的培养

随着社会的进步，人们对自身的健康程度开始关注起来，健美操运动作为一项新兴运动在我国大受欢迎，就目前来看，已与人们的日常生活紧密联系在一起。健美操教练员起着不可或缺的作用，优秀的健美操教练员需要具备多种素质和能力，因此健美操产业的人才培养是极其重要的。本章对健美操教练员的职业能力、职业素养以及职业的发展与培养进行了分析。

## 第一节 健美操教练员的职业能力与职业素养

### 一、健美操教练员的职业能力

在现代健美操教练员职业生涯中，"全才""通才"是没有的，健美操教练员从业者只是在某些方面或几个方面具有自己的优势。比如，有些教练员善于理论分析，有些教练员善于言谈，有些教练员善于做事务性事情，有些教练员善于操作，这直接影响了健美操教练员的职业活动效率。

能力总是与某种活动相联系的，它在活动中形成和发展，并在活动中表现出来。健美操教练员的职业能力则是在健美操职业活动中发展的，直接影响健美操教练员的职业活动效率。如果健美操教练员职业从业者没有这个能力，就难以胜任工作。健美操教练员的职业能力直接影响其职业的工作效率和成就水平。

#### （一）优异的审美能力

健美操的项目特点决定了教练应具备相当的审美能力。在比赛过程中，教练员需要对运动员、服装以及音乐进行选择。运动员的优秀、服装的靓丽、音乐的震撼，这些因素对比赛都有着至关重要的影响。

#### （二）优异的训练能力

业余健美操运动员的运动水平和心理素质都是参差不齐的，面对这种情况，教练员不仅要具备专业的技能训练能力，还要具备良好的心理技能训练能力。

### （三）优异的学习能力

健美操运动需要不断的创新，更换新的、有益健康及漂亮的动作，因此教练员要经常更新教学内容，适应时代的发展，这就需要教练员去不断学习，吸收新的知识。

## 二、健美操教练员的职业素养

### （一）良好的职业操守与道德

对于大多数健美操指导者来说，拥有高尚的思想品德是首要的。在健身健美市场中，健美操教练员应该让健身者体验其科学健身所带来的优越感和成就感。因此，作为健美操教练员，其积极向上的精神状态和进取精神是必不可少的，除此之外，还应做到：①宣传全民健身的方针政策；②宣传健身与健美理念；③宣传健身与健美的功效；④引导健身与健美消费者进行科学锻炼；⑤促进和提高健身与健美消费者的机能水平；⑥塑造健身与健美消费者的体态；⑦保持身心健康；⑧提升健身与健美消费者个人的生活质量。

### （二）丰富的专业知识与技能

专业素质对于健美操教练员的指导工作来说是相当重要的。只有具备良好的专业素养才可以对学员进行科学的指导，才能达到良好的健美效果。健美操是专业性很强的学科教育，健美操教练员的专业素质可分为专业知识、专业技能、教学组织能力和对相关知识的了解与运用等。

### （三）优美的体态气质与形象

健美操教练员的体态、气质、形象直接关系到学员健康审美情趣的建立，又因为健美操教学是实施美育教育的重要途径，因此健美操教练员在日常生活和工作中，不仅要加强专业知识的学习，还要提高其他方面的修养，多接受新的知识、新的信息。

### （四）观念的不断更新与创新

作为一名健美操教练员，只有不断改革创新，始终保持积极向上的精神状态，为自己的发展制定新的目标，才能真正做到与时俱进，也才能真正站稳讲台，成为一名永远站在时代前列的优秀健美操教练员。观念的创新要求健美操教练员不断更新观念，努力进取，做到乐于学、勤于教、善于思，不断有新的发现，探寻新的教学方法，从而进一步提高教学质量。

# 第二节　私人教练的职业发展与人才培养

## 一、私人教练的概念与职业特点

### （一）私人教练的概念

私人教练指的是拥有直接"雇主"，且对其个人的体能、健康度等进行合理的健身计划制订，且在授课中进行健身指导的人员。多数为一对一地进行指导教学。私人教练多出现在健身俱乐部中，与群体性健身指导教练是有一定区别的。

### （二）私人教练的职业特点

私人教练需要根据不同人的性格、身体特点、健康情况等，以一对一有偿指导服务的职业方式为特征，从而为顾客制订相应的健身计划。他们以各种科学的健身、健心、健智、健美的方式为手段，严格制定并实施督导个人健身健美的处方。私人教练是近些年新兴的一个职业，不同于健身指导员及健美操教练员，其根本目的是使客户达到健身、健心、健智、健美的效果。它作为健身市场中教练员职业队伍中的新兴一族有着独特的职业特点，这些职业特点也就决定了其服务质量和特点：①服务中的个性化特征（一对一服务、专业的训练计划、一对一指导）；②服务中的专业化特征；③服务中的计划性和随意性特征（制订多份长远且详细的健身计划、不定时对客户进行计划方案的调整）；④服务中的目标性特征；⑤服务中的多样性特征；⑥服务中的互动性特征；⑦服务中的安全性特征（身体上的安全、健身效果上的安全）。

## 二、私人教练的职业发展

中国的健身行业已风风雨雨走过了十几个年头。如今，越来越多的人开始投身到健身消费中来，使得健身行业的发展蒸蒸日上，很多健身爱好者对于私人教练这一职位越发感兴趣，同时"私教"也成为这个时代抢手的职业。总的来说，健身教练职业发展前景还是非常乐观的。

### （一）从收入来看

我们往往可以通过私人教练的收入来对其职业的发展情况进行直接判断。私人教练的工资是大众关注的焦点，由于健身行业良好的发展势头，私人教练月薪上万已经变得较为普遍，属于高薪职业。这也是为什么有那么多新人想要加入健身行业的主要原因。

## （二）从就业压力来看

我国健身行业总体上还处于初期高速发展的阶段，私人教练并没有达到饱和状态，因此现在竞争压力相对来说还是比较小的。但我国健身行业涉及的领域在不断增多，私人教练的发展方向较为广泛，需要学习的技能也就随之增加。私人教练是健身房主要的盈利部门，每月必然有一定的业绩压力，但工资待遇相对来说会很高。

## （三）从发展前景来看

健身教练还是一个非常有潜力的职业，随着人们生活质量的不断提升，人们的自我保养意识逐渐增强，大多数人选择通过健身来达到保养的效果，以至于健身产业蓬勃发展起来。有健身事业，就需要有相应的私人教练来进行相应的指导。因而这使得市场对私人教练的需求大幅增加。

由此可见，私人教练今后的发展前景一片光明。随着私人教练工作时间的增加，其教学经验也会越来越丰富，带会员也会越来越专业，因此收入也会越来越高。

进入健身行业后，大多数人会面临着以下三种选择。
①可以做健身领域的专家，成为一名教师去教学。
②可以从事健身房的管理工作，成为健身房的领导。
③可以自己开健身房或者工作室，成为老板。

# 三、私人教练的人才培养

## （一）完善管理法律体系

完善私人教练管理法律体系就是做到尽快草拟、出台我国私人教练管理的法规性文件，要以不有悖于国家的大法、行业的法规为原则。首先负责这些任务的相关工作人员自身要对这些法律法规进行相应的学习。建议培训、认证由体育总局社体中心来落实，这样比较有真实性。

## （二）确认资格与认证期限

私人教练的申请资格需要提升，需要综合性能力的平衡，不应单纯以学历来判定，也不应单以其具备的能力和素质来进行判定。要注意的是，我们所制定的申请资格和条件也应该让外国私人教练能够具备。建立完善的资证机构，使其申请与下发证书的速度提高，避免"堵"的情况发生。私人教练需要将资格划分等级，且私人教练资格证书的认证需要有效期，为了提高私人教练的职业素养与能力，应采取两年或三年认证一次，杜绝一证定终身。

### （三）管理工作落实与认证

由于目前我国的私人教练越来越多，导致市场比较混乱，因此国家法规要求私人教练的培训、发证和认证管理工作应做到"三分离"，并要求所属各部门开展和落实好以下的工作。

①争取国家相关部委授权建立私人教练职业资格、证书鉴定机构。
②立项并建立私人教练职业资格鉴定体制。
③争取国家相关部委授权建立私人教练职业证书颁发机构。
④立项并建立私人教练服务质量认证体制。
⑤争取国家相关部委授权建立私人教练职业培训机构。

### （四）确认国内外培训机构

国家体育相关部门应对健身教练员的培训机构进行整合管理以及认证，并对相应的国外教育培训机构得以承认，使双方在第一时间捕捉到健身信息，得到资源共享。

### （五）解决换证问题

国家体育总局应尽快成立认证机构，对相关教练员进行培训考核证书的颁发以及更换。理顺私人教练、健身指导以及体育运动员三者之间的关系，更加细微地进行归类，尽快协调解决体育总局内部类似"社会体育指导员资格证书"与"健美协会健身指导员证书"的换证问题，使其更加灵活、统一、简化，力争做到我国健身行业"国家职业证书"一本通。

## 第三节　健身俱乐部健美操教练员的工作要求

### 一、健身运动负荷的选择

#### （一）人体健康体能的测评方法

人体健康体能是由肌力、肌肉耐力、柔韧性等组成。健康体能和运动体能两者相辅相成，健康体能是运动体能的基础，而运动体能则是健康体能的延伸。

1. 肌力测试

（1）动力性力量测试

肌肉在收缩过程中，其肌肉长度是会发生一定变化的。一般情况下，会采用迎卧推举的方式，利用上肢和上背肌力，下肢推蹬利用腿肌力，并以完成一次重复的负荷占体重的比例表示，采用立定跳远和纵跳来评价下肢及足部伸展肌群的爆发力；也可以自身体重为负荷来测定动力性力量。

（2）静力性力量测试

静力，就是静止的力量。也就是说肌肉收缩时肌肉的长度并不会发生改变。其通常用手的最大握力来代表。

### 2. 肌肉耐力测试

（1）动力性耐力测试

①屈膝仰卧起坐，主要评价腹部、臀部及大腿肌群等张性持续收缩的能力。
②屈臂俯卧撑，主要评价手臂伸肌、肩带和上背肌群的肌力与肌耐力。

（2）静力性耐力测试

静力耐力测试主要有屈臂跪卧撑等。

### 3. 柔韧性测试

坐姿体前弯曲，面部朝下，使面部渐渐向地面贴近，这样就可以测试背部、臀部以及后腿肌群的柔韧性，同时也可以测试出这三部分中包含的关节的活动范围。双手背勾主要测试的是肩关节的柔韧性，以及相关关节活动的范围；举腿主要测试大腿后侧肌群和髋关节的柔韧性，但这个动作比较危险，在做动作时一定要保持好身体的平衡；转体主要测试躯干肌肉群的柔韧性。

### 4. 体脂测试

目前简易评量体脂的方法有：用腰臀围之比值判断局部脂肪分布；以皮褶厚度估测体脂肪百分比。无论是男性或女性，腰臀围比值比较大的人，患与肥胖有关的疾病的危险性较大。

## （二）健身运动负荷的选择方法

### 1. 肌力运动负荷的选择

肌力运动可以增加肌肉体积、增强肌肉力量和加快肌肉收缩的速度，更重要的是通过系统的锻炼可以使整个神经系统对肌肉的控制能力大大提高，各肌肉群之间更加协调配合，完成动作更加准确、轻松自如，并能以较少的能耗发挥其最大的运动效能，这是一般不锻炼者所无法比拟的。

### 2. 有氧运动负荷的选择

有氧运动是指全身大肌肉群参与的、周期性、长时间、有一定强度、以有氧代谢为主的活动。有氧运动安全有效的锻炼负荷应控制在"靶心率"（目标心率）的阈值范围内。锻炼次数为每周 3～5 次。每一次运动持续时间控制在 20～60 分钟。

## 二、健身器械动作的指导方法

### （一）手势提示法

手势是身体语言的一种，它是在健身房健身消费者健身健美课程中，健身指导员运用专业领域里所使用的相关手势，来对消费者进行指导从而完成练习的方法。手势提示法的优点是简单、直观，有助于消费的理解，以及帮助消费者在健身锻炼期间保证其动作的连贯性。但其主要运用于健身健美动作的复习和巩固阶段，初级阶段不太适合使用。健身教练员可通过手势提示健身消费者按怎样的顺序、方向、要点完成动作，在运用手势提示教学过程中还应注意以下几个问题。

①在指导健身健美动作中，指导员在使用手势指导时，需要在心中先想好，不要犹豫不决，给消费者造成一头雾水的感觉。

②在健身期间，指导员运用手势时，要注意节奏，这里所说的节奏是消费者在健身期间特有的，换句话来说，就是在上个动作没有结束之前不要将下个动作的内容用手势指出来。

③指导员需掌握健身消费者完成动作的情况，比如，消费者在哪里容易出现错误，指导员就应在这些地方提前向健身消费者发出准确信号，也可以添加一些辅助性的口头提示等，从而引起健身消费者注意，待消费正将其改正，再给予手势提示。

### （二）口令提示指导法

健身健美动作指导工作中，恰当地运用口令来指挥或强化练习，将有助于健身消费者正确掌握动作、速度、节奏与用力强度等。在指导过程中通常采用的口令有数字、单字或短词。另外，为了防止课程的枯燥，教练员尽可能地与消费者产生一些简单的互动，比如，加入一些具有积极性或是警告性的口令。但最好频繁使用积极性口令，其口令有"加油""用力"等。警告性口令包括"伸直""绷紧""停顿""意念集中"等。运用口令提示法时应注意：①口令要有号召性和鼓动性，健身指导员生动的、带有鼓励性的口令，可以活跃课堂气氛，调动健身消费者情绪，使健身消费者在愉快、轻松的心境下学习健美动作，能激励健身消费者学习的自信心；②口令要与音乐节奏相吻合，要与音乐的韵律、语调的轻重适宜，恰到好处，不适宜的口令会削减健身消费者学习的效果。

### （三）讲解示范法

#### 1. 讲解

讲解是指导员向消费者进行逻辑推理，使健身消费者形成科学概念。在技术辅导中则要说明所学动作的名称与教法，着重提示完成动作的关键及原理。

#### 2. 示范

示范是动作的典范，是最生动、最逼真的直观指导方法，可使健身消费者建立正确的动作表象和概念，激发健身消费者学习动作的欲望，提高健身消费者的积极性。

#### 3. 运用

要想使消费者对健身感兴趣，首先要做到的就是用正确而优美的动作进行示范，这样就会引导健身消费者自觉积极地进行模仿练习。讲解则可配合示范加强动作概念的建立。大部分教练员为了提高示范讲解法的效果，会采取边示范、边讲解的方法。但这并不适合每一位消费者，要因人而异，灵活运用。

（1）只示范，不讲解

如果消费者具有一定的基础，且需要做的动作又比较简单，那么可只做出示范提出要求，不必讲解，以免引起消费者的不懈。

（2）只讲解，不示范

若仅仅是为了培养健身消费者独立思考的能力，为了加深消费者对动作的理解，可只进行讲解不加以示范，或讲解之后进行示范。

（3）先示范，后讲解

在遇到动作比较复杂的情况时，需要先为消费者进行正确示范，再进行相关讲解。

（4）一边慢动作示范，一边讲解

如果遇到没有任何基础的消费者，又将学到比较复杂或是较困难的动作时，教练员可采用边慢示范、边讲要求、边让健身消费者跟着模仿的方法。

### （四）完整法和分解法

完整法是指健身健美运动单个动作或成套动作完整地教，即从动作开始直到动作结束不分部分或段落完整地教，给健身消费者建立完整的动作概念。

第八章　健美操产业人才的培养

分解法可用于单个复杂动作，也可以用于联合或成套动作指导。采用分解法指导时，最后还应用完整法来教。在健身健美运动指导中，对于徒手、轻器械及自由重量器械健身健美动作或健身操，要以"分解—完整"的教法为主进行指导。采用此指导法时应注意以下几点。

①在学习结构较为简单的动作时，我们一般使用完整法来进行相关指导。

②在学习较复杂的动作时，可放慢动作的整个过程，也就是说在每个姿势中停止几秒或是用拍来表示，使消费者本身对其有一定的感受，待健身消费者建立了动作概念之后，再逐渐增加速度进行完整练习。

③对于协调性很高的动作，健身教练应先把它分解成几个局部动作来进行指导，待消费者明白且掌握了动作要领后再进行完整的指导或是练习。

### （五）直观法

为了保证健身健美指导质量，指导员必须强调正确的健身健美动作技术，可采用语言直观生动的讲解、提示动作节奏的口令以及用简练的语句评定动作和纠正错误等方式，使健身消费者通过反复练习、自我检查练习和进行测验等手段，形成正确的动力定型。

### （六）动作变换法

健身健美动作种类繁多，用途各异，指导中应根据指导任务和指导对象的条件有针对性地选择有效的练习方法。同一动作由于变换不同的握法（正握、对握、正反握等）、变换不同的握距（窄握、中握、宽握）、变换不同的体位（立、坐、俯卧、侧卧、斜卧、仰卧）、变换不同的器械位置（胸前、颈后、膝下、膝上、胯下）、变换不同的速度（快、中、慢）来进行，都会产生不同的学习效果。

### （七）任务指导法

大多说教练员会在消费者掌握当节课内容之后进行任务的布置。这样有利于消费者提高动作的训练质量，这就是任务指导法。由于健身消费者的身体发展状况、体能水平和具有的能力不同，以及练习器械的限制和训练部位的不同，因此在布置任务时，要根据这些因素进行适当的任务布置。每一个动作、每一种练习方法，健身指导员必须根据健身消费者的条件规定出恰如其分的适宜的运动量，并要求健身消费者一定按要求保证完成动作的质量。例如，颈后臂屈伸动作，要规定负荷是多少、每组练习几次、总共完成几组等，做到任务明确、适宜、科学。

健身指导员在课后要检查健身消费者完成任务的情况。确定练习负荷、次数与组数的关系，最好能根据每个人的情况而定，最适宜的负荷是：尽全力可以举 8 次左右的重量（6～12 次），但最少不能低于 6 次，最多不能高于 15 次，每个练习做 2～3 组即可。同样由原来的 8 次增加到 15 次。然后再增加重量，增加到仍能举起 8 次左右（同上），持续一段时间，以后以此类推。当达不到 15 次时，仍固定练习负荷，不应随意增减健身指导员提出的任务和要求，必须是健身消费者通过努力可以完成和达到的，既不能太低，也不能太高。一定要注意实事求是，并要求健身消费者严格按标准完成任务。

## 三、健身运动处方的制定方法

健身运动处方是用"处方"的形式规定参加健身锻炼和体疗康复的个人或集体参加锻炼的内容与运动量，指导健身消费者有目的、有计划、科学地进行锻炼。健身运动处方的制定要以生理学和医学基础为依据，应适合健身消费者个体或集体健身消费者的需要。

### （一）健身运动处方的主要内容

#### 1. 运动目的

运动目的即增强体质、发达肌肉、祛脂减肥、健美美体、心理调节、体疗康复、延年益寿等。

#### 2. 健身运动项目及方法

①主要是以增强耐力（心肺功能水平）为主的项目。
②主要是以提高力量为主的项目。
③主要是以改善柔韧性、调节身心健康为主的项目。

#### 3. 适宜人群

健身运动处方中应该明确说明哪些健身运动项目和方法对某些健身消费者是适宜的，而对另外一些健身消费者则是不宜的，甚至是禁忌参加的，特别是对那些患有慢性疾病的健身消费者来说更应该注意这类问题。

#### 4. 运动强度

运动量是运动强度和运动时间的乘积，是单位时间内的运动量。每个人可承受的运动量是不同的，这就需要教练员拥有专业的素养，对不同人群进行不同的课程及训练规划。

### 5. 持续时间

每次运动持续的时间要按实际操作内容而定，锻炼时间指的是实际操作、实际进行的时间，而不包括做准备活动的时间以及整理衣物的时间。一般情况下保证每周锻炼至少3次，且每次锻炼时间至少保持在30～40分钟才能有明显锻炼效果。

### 6. 运动频（度）率

运动频率指运动时间（指上午、下午；晨练或晚练；练习时间长短）、运动频度（指每周运动次数）和每组间隔时间。

## （二）健身运动处方的种类

### 1. 按锻炼对象分类

①治疗性运动处方：用于某些疾病和创伤康复期的患者，使其定量化、个体化，以治疗疾病，提高康复医疗效果。

②预防性保健运动处方：用于健康的健身消费者，通过参加锻炼，预防某些疾病，如冠心病、肥胖病及防止过早衰老，以增强体质，健身、健心、健智、健美，提高健康水平。

### 2. 按锻炼器官系统分类

①心肺体疗运动处方：一目了然，以完善心肺功能为主，一般多用于内脏器官疾病的防治。

②运动器官运动处方：运动器官在这里主要指的是肢体，也就是以完善肢体功能为首要任务，多用于矫正运动器官功能障碍及畸形等。

### 3. 按目的分类

按目的分类，健身运动处方分为健美运动处方、竞技运动处方、康复运动处方、健身运动处方等。

### 4. 按构成体质的基本要素分类

按构成体质的基本要求分类，健身运动处方分为身体形态类、身体机能类、身体素质类、心理水平类、适应能力类五大类。

### 5. 按体质测定人群的年龄段分类

按体质测定人群的年龄段分类，健身运动处方分为幼儿类、青少年类、成年类、老年类四大类。

### 6. 按体质测定的评定要求分类

按体质测定的评定要求分类,健身运动处方分为单指标评价类、多指标评价类和综合指标评价类三大类。

### 7. 按体质分类

按照体质与健康、强体质与弱体质、体质与慢性传染性疾病的关系,可以将健身运动处方与医学治疗、康复体疗、行为教育、营养指导、健康教育、健身健美辅导结合起来,可分为健康人群类、亚健康人群类、弱体质患者类、慢性病患者类四大类。

## (三)制定健身运动处方的步骤

制定健身运动处方之前,首先要对健身消费者的身体进行系统的检查和诊断,然后根据身体检查和诊断的情况,开出健身运动处方,按照处方进行实际锻炼。经过一个阶段的锻炼,再进行身体检查和诊断,并根据检查和评定锻炼的效果,重新修订运动处方,使之更符合锻炼的实际要求。如此循环往复,不断提高身体锻炼的水平,达到增强体质的目的。具体步骤要求如下。

### 1. 一般体检

在运动之前,健身教练员会先对其进行一般体检。这里的一般体检主要是检查一下消费者有无病史,之前有没有做过相关的锻炼,以及了解一下消费者来进行锻炼的目的是什么,如部分消费者是为了减肥、部分消费者是为了锻炼肌肉使其更为美观等。再有就是询问一下有没有家族病史,因为在运动的过程中会出现多种可能,教练员必须将其询问清楚,好有针对性地对消费者进行运动指导。当然,还要询问消费者的运动兴趣的方向,以及消费者的工作状况和经济条件,并根据以上特点来制订专属健身计划。

### 2. 临床检查

所谓的检查就是将消费者现有的身体状况进行详细的分析与评估。然后根据消费者现有的身体状况判明能否进行运动锻炼或运动负荷试验,这是对消费者的身心健康负责的表现;如果提前得知是否具有潜在的疾病或危险因素,就可以使健身教练员做好准备,预防伤害事故发生。在进行健康检查时,要排除健身运动的禁忌证。

### 3. 运动负荷试验与测验

运动负荷试验与测验是极其重要的,通过运动负荷的测试可以了解消费者的肌力、爆发力、耐力、柔韧性等,也可以了解消费者可以承受的运动负荷产生饥饿感，从而抑制消化液的分泌，降低消化功能，容易发生意外。

（2）不宜饭后剧烈运动

通常情况下，饭后消化器官需要大量的血液供给来进行食物的消化与分解，如果选择这个时候进行健身锻炼，会给身体的各个器官造成很大的压力，会使肠胃部的血液流量减少，影响食物的消化和吸收；还会使肠胃受到自身负荷的压迫，容易引起机能障碍，产生不良现象。

（3）锻炼中勿大量饮水

①如果过多饮水，则会使胃部膨胀，从而影响健身者进行活动。

②如果过多饮水，会反射性地引起汗液分泌加强，使体内的盐分丧失过多，导致四肢无力、抽筋等现象的发生。

③在锻炼中严禁喝凉水。

### 3. 经期卫生

在月经期间，应最大可能地保持阴部的清洁。月经带或卫生巾应当及时更换，而且只能使用非常干净的专用卫生带或卫生巾。定时清洗的毛巾也应该常常更换，只能使用完全清洁的特备清洗毛巾。另外，至少一天换一至两次内裤。在月经期间进行健身锻炼时，要注意选择运动量不大的健身运动项目，只要科学安排，不会有不良结果。实验证明，经期参加适当的健身运动有助于促进体内代谢，调节情绪，改善盆腔血液循环，减轻盆腔充血，减少小腹下坠、胀痛和经期烦躁等不良感觉。通常来月经后第一、二天可以做些健身操等轻微的活动；第三、四天的运动量可以增大，如做局部的健身动作或健身操等练习；第五、六天后就可以照常参加正常的健身运动锻炼了。另外，在月经期间要注意避免参加过于剧烈的跑跳运动和局部负重锻炼（如深蹲、仰卧举腿等增加腹压的动作练习），以免造成经血过多或子宫位置改变。锻炼时间不宜过长，一般以15～30分钟为宜。如果在月经期间有明显的腰酸背痛、下腹疼痛较剧烈、全身不适、月经不正常（如周期过频、持续时间过长、血量过多等），以及内生殖器官有发炎性疾病（如子宫炎和盆腔炎等）的女性，经期则应暂停参加健身锻炼。

### 4. 环境卫生

健身锻炼一般都在健身房或在室外场地进行，尤其是夏天气温高，地面干燥，锻炼前应在容易扬灰尘的场地上洒些水，保持一定的湿度。健身器械布局要合理，设备要完好整洁。当健身锻炼者进入清洁卫生的健身活动场所后，会产生跃跃欲试的锻炼欲望。当健身房内锻炼的人数较多时，应该注意通风换等。②生理指标：包括脉搏、体重、肺活量等。③健身效果：包括身体体质和身体机能以及其他伤病情况等。

（2）医务监督的方法

一般在健身的时候都会填写一些表格，其主要目的是将健身锻炼后出现的各种生理反应和所测定的有关数据，用医学的方式进行监督，并且进行记录。如身体感觉属"一般"，即在相应的栏目内画（√）记号，以此类推。然后对各项真实的记录进行分析，这样对以后再次设定健身计划有极大的帮助。如果身体各项指标都合格，健身锻炼效果稳定或呈上升趋势，没有产生什么损伤，且又无重大伤病，就说明上一阶段实施的运动负荷、技术难度以及选择的锻炼内容和方法是合理的。如发现异常，应及时检查和分析原因，及时调整自己的运动处方、锻炼计划和运动负荷，必要时暂停锻炼，或就医做进一步检查。必须指出，锻炼后所呈现出来的各种生理的反应和自我感觉，不可能是完全相同的，有的可能属"正常"或"增加"；也有可能属"一般"或"保持"；甚至个别指标属"下降"或"较差"。因此，要在综合分析的基础上，抓住主要矛盾，做出科学的判断。

## （二）营养保证

在锻炼的过程中，要注意营养的合理搭配。在健身的过程中，我们人体的水分被大量消耗，从而导致人体的热量被一并消耗，这时就需要通过水和食物来补充和调节。且在运动过程中，身体糖原的储备量被消耗而逐渐减少，体温不断升高，酸性代谢产物堆积，就需要及时补充适合的营养。我们从食物中补偿营养，并非指吃肉吃到撑就好，而是要合理地摄取营养。只有使食物种类丰富起来，才能保证营养全面。

## （三）卫生保证

### 1. 个人卫生

参加健身锻炼时要穿适宜的运动服、鞋袜和运动保护用品，应特别注意的是，要关注个人卫生方面的问题：①要保护好皮肤；②要力戒吸烟；③要力戒大量饮酒；④要有充足的时间进行睡眠和休息。

### 2. 膳食卫生

（1）不在空腹时锻炼

众所周知，空腹时人体内血糖水平处于一种较低的状态，在这种情况下进行运动会引起头昏、四肢乏力，甚至会引起昏厥现象的发生。而且空腹锻炼会

## 四、健身生物医学条件保证

### （一）医务监督

从医学的角度对健身者进行一定程度上的检查、观察、评价，就是所谓的医务监督。医务监督可以为教练员合理安排健身消费者的教学、锻炼提供依据。简而言之，即健身房的健身消费者在医学观察下进行健身运动，从而达到保证健康、预防伤病，增强体质和提高健身效果的目的。

**1. 医务监督的目的与任务**

健身对于人们的身体健康是会有一定的帮助的，在运动期间如果选择了不适合自己或是一些错误的运动及运动方式，就会对人体健康造成一定的威胁。只有及时准确地把握机体生命活动的变化状态，进行科学合理的安排，以及调整运动负荷，才能保证健身运动的有效性。

（1）医务监督的目的

在人们做运动的过程中，使用医学的理论和方法，进行人体检测与评定，可以为健身锻炼过程提供客观的反馈信息，以便科学地控制锻炼过程，从而克服锻炼的盲目性，减少锻炼期间造成的危害。

（2）医务监督的任务

①评定身体机能状况。评定是全面性的，是对消费者进行综合的体格检查，根据得出的结果，对消费者身体状况进行评定，包括评定消费者对负荷的适应能力以及自身机能的潜力等，从而为消费者制订合理的健身锻炼计划。

②研究健身运动中出现的生理和病理现象的界限。界限是分水岭，边界、边缘的意思。我们可以通过这种方式，研究每一位消费者运动的最大适应度，以及了解消费者在锻炼中会产生的各种生理现象和病理状态，提前做出相应的准备，防止在训练中出现伤病的情况。

③讲究健身锻炼要卫生。在健身锻炼中注意个人卫生、环境卫生、心理卫生、营养卫生和运动卫生，保证锻炼的效果。

④掌握锻炼节奏，控制疲劳与体力恢复。一般在健身锻炼之后会出现体力和精神上的疲劳，这属于一种正常的机体反应。但如果这种疲劳感持续很长一段时间，就会导致机体功能紊乱和体力下降，从而影响健康。

**2. 医务监督的内容和方法**

（1）医务监督的内容

①自觉状态：包括身体感觉、运动情绪、睡眠、食欲、排汗、尿便状态

量,对患者心脏、血管、呼吸等系统或器官的功能进行检查评定,在此基础上制定健身运动处方。

### (四) 健身指导员监护技巧

保护是非助力的帮助,帮助是给予助力的保护,两者的关系是非常密切的。健身指导员合理地运用保护与帮助,可以增强健身消费者练习时的信心,保护健身消费者的安全,使健身消费者在练习时能够按照标准去完成好动作。以下几点是在日常实际运用时需要注意的几个问题。

#### 1. 合理的站位

健身教练员在对消费者进行监护期间,要选择好监护位置。首先,不要影响到消费者正常地进行运动;其次,要随时可以看到消费者做的每个动作,以便及时喊停;最后,要站在能对消费者进行及时救助的位置。只有选择好站立的位置,才能对消费者起到有效的监护作用。

#### 2. 灵活的步移

在监护过程中,教练员手脚的配合以及站位的得当是很重要的,尤其是脚下功夫,一定要灵活,这样才能使教练员随时都处于最佳的站位状态,给予健身消费者有效的监护。

#### 3. 正确的部位

部位是指教练员给予健身消费者助力的作用点。一般情况下,主要的助力作用点是在人体重心附近的部位,也可以是运动轴两侧的身体部分的重心附近部位。

#### 4. 适度的助力

适度的助力指的是,有些初级学员或是中级学员,在做某些运动时是需要助力帮助的,教练员要因学员的能力以及动作的难易度进行助力与否的选择。一般情况下,对于一个初级学员在动作初学阶段,教练员的助力应大些,由易到难,随着动作能力的提高,教练员逐渐减少自己的助力,使学员可渐渐进行独立动作的完成。

#### 6. 明确其重点

在运动期间,一旦发生突发性状况,要分清需要保护的位置的主次。所谓主要的部分指的是人体较为脆弱的部分,如头部、颈部。其次是肩、肘、腰膝和踝部的保护。

气,保持室内空气清新、凉爽,以防止出现头昏、恶心、疲劳等现象。在冬季进行健身锻炼,要注意锻炼时的环境卫生,尽量不在环境气候恶劣的条件下进行锻炼,以免使身体健康受到威胁。在气候条件极差的情况下,如雾霾、风沙较大,或是雨、雪天气,就不要再去室外进行锻炼。特别要指出的是,在用健身器械进行锻炼时(练习器械健身操除外),最好不要听音乐,因为音乐无法使人精神高度集中,不能全力以赴地投入健身锻炼。另外,在公共健身房锻炼时,为了避免皮肤病的传染,务必要做好健身器械的清洁卫生工作。健身器械要常清扫、擦洗,尤其是与人体皮肤接触面积较大的部位,每次锻炼课结束之后必须擦洗。同时健身房要有良好的内部卫生条件,要有自来水、痰盂、挂衣钩等必备物品。

## 五、健身安全保证

### (一)健身指导员服务的安全性保证

健身指导员服务的主要内容就是设计和实施健美锻炼计划,并保证锻炼者安全地参与健美锻炼计划。因此,健身指导员有责任按职业化的行为执行运作程序,在服务过程中观察锻炼者任何有危险的体征,并在问题出现前采取行动以停止活动。下面笔者列举了健身指导员在服务过程中常见的责任问题,也是健身指导员必须做到的:①根据职业性判断对健美锻炼者进行监测或进行递增强度负荷实验;②评定健美锻炼者的身体机能和受伤情况;③推荐一系列安全锻炼的运动量;④指导健美锻炼者安全地进行健美锻炼活动和正确地使用健身器材与设备;⑤监督锻炼并提出限制或改变运动量的建议;⑥根据健康状况,将健美锻炼者分为指导、监督和需要帮助三个等级;⑦以认真、严谨、不疏忽的方式演示锻炼动作;⑧将健美锻炼者适当的症状和体征提供给医疗机构或其他专业人员;⑨保存正确的原始记录档案。

为了确保健身指导员服务的安全性和合法性,在履行了上述职责的同时,健身指导员应持有合法的上岗证书、聘用证书或责任协议书,并且申请办理个人责任保险。同时,健身房和健美中心的法人应为健美锻炼者和健身房的健身器材、设备及设施等购买保险。如果健身指导员在服务过程中,违规违法上岗,不履行上述职责,不以规范的职业行为操作,而是疏忽大意,由此而导致健美锻炼者出现损伤或发生死亡事故,执法部门就会对健身指导员和健身房或健美中心的法人追究法律责任。

## （二）健身器械安全保证

### 1. 对器械进行检查

①在健身之前，相关人员要定期查看器械产品的相关信息。

②不管在检查期间抑或是在选购器械时，都需要注意器械表面的光滑度，以及焊接处是否结实，销钉是否安全可靠。

③在进行器械选购时，要注意听一下器械的声音，是否声音过大，或是有强烈的噪音，一般情况下噪音大的设计都存在一些问题，也是容易出现故障的。

④在进行器械检查时，要试一下杠铃杆转动是否滑润，链条齿轮咬合是否出现卡顿现象。尤其是一体式训练机，拉伸的幅度大、用力距离长的是比较好的。

### 2. 对弹簧进行检查

①检查钢丝弹簧的钩子结构和安装是否牢固，以防在训练时出现滑脱现象。

②训练时应适度，不宜将弹簧牵拉过长，久而久之弹簧的弹性会消失。

③已生锈或老化的弹簧器械尽早处理掉，不宜再使用。

④在训练前，拉力器的一端要用手或脚牢牢固定，抑或是将其固定在其他物体上，防止反弹回来。

⑤进行训练时，不要将器械贴紧自己的身体，要穿长袖运动服和运动长裤，防止在钢丝弹簧拉伸后收缩还原时夹伤皮肤和毛发。

### 3. 对器械进行保养

要定期对运动器械进行保养。比如，每次健身训练后，相关人员应对器械进行及时清理。定期在需要擦拭润滑油的器械上进行润滑油的正确涂抹，切忌将润滑油乱涂一气。在进行拉力器训练时，不要将带有弹性的器械拉得过于长，或使其回位的速度过快。为了避免弹簧、皮条或重锤钢丝拉绳发生碰撞和叠结现象，当动作完成后务必要用肌肉的力量控制弹簧、皮条或重锤缓慢还原，这样还可以发挥拉力器"退让性"训练的独特优点。在使用综合训练机前，必须要检查器械的牢固程度，查看训练器械的插销是否插到位，螺丝是否松动、脱落或螺栓是否拧紧，钢丝拉绳是否结实，握把和滑轮是否安装牢固，做到防患于未然。

### 4. 器械的挑选与应用

（1）关于器械的选择

在进行器械挑选时，要注意选择设计比较人性化的、合理的器械。在使用的过程中，一定要感觉身体是舒适的，训练时的阻力应该是自然的。

（2）关于器械的应用

①进行健身锻炼时，不要将钥匙、小刀等尖锐的物品贴身携带，以免在锻炼过程中造成不必要的伤害。不要携带手表、钱包、首饰等贵重物品，避免丢失，造成一定的麻烦。

②在使用健身器械时，对身体的保护意识是必须具有的。比如，在牵拉大重量的橡皮条拉力器或推举杠铃锻炼时，腰部和背部就容易拉伤，为此，需要系腰带保护腰部，同时也有助于对背部的保护从而避免损伤。

### 5. 锻炼时的风险动作

避免锻炼风险动作，这里所说的风险动作包括以下几项。

①不要过度拉伸膝、颈或腰背部；不要过度弯曲膝和颈部；不要给膝施加扭力或侧力。

②避免锻炼时屏住呼吸（强抵抗力锻炼除外）。

③避免拉伸原本就长而弱的肌肉，同时也要避免缩短原本就短而强的肌肉；避免可能损伤韧带和关节的过度拉伸练习。

④需要别人帮助拉伸时，要特别小心。避免外力拉伸颈部，避免突发外力；避免给椎间盘施加猛烈的压力；避免易导致关节和软骨损伤的练习。

# 参考文献

[1] 陈瑞琴. 健美操理论与实践创新 [M]. 北京：北京体育大学出版社，2011.

[2] 刘敏. 现代健美操运动 [M]. 北京：北京体育大学出版社，2012.

[3] 黄菁，朱维娜. 健美操 [M]. 重庆：西南师范大学出版社，2013.

[4] 史悦红，纳冬侠，郭潞霞. 健美操运动学练与科学塑形方法指导 [M]. 北京：中国商务出版社，2018.

[5] 陈正权，刘阳，赵欣莹. 健美体操与体育舞蹈塑形理论及方法研究 [M]. 北京：中国商务出版社，2018.

[6] 吴限红. 健身性健美操可持续发展研究 [M]. 长春：吉林人民出版社，2017.

[7] 王月，潘力，王仲建，等. 健身健美与体能训练 [M]. 北京：清华大学出版社，2014.

[8] 陈开亮，如歌. 全方位形体健身操的理论与实践 [M]. 北京：北京体育大学出版社，2016.

[9] 王志刚，陈莉，李琛. 时尚健美操运动理论与技术教学新诠释 [M]. 北京：中国商务出版社，2011.

[10] 沈国琴. 现代健美操 [M]. 北京：北京体育大学出版社，2010.